進化する初年次教育
The Developing First-Year Experience

初年次教育学会 編

世界思想社

まえがき

　日本における初年次教育は，既に定着し，新たな段階へと入ってきているように思われる。初年次教育学会の10周年記念となる本書を刊行するにあたって，初年次教育を巡る環境を学会設立当初と比較すると，初年次教育をとりまく環境の変化は著しい。

　学会が設立された2008年頃は，急速な勢いで初年次教育が全国の大学に広がった時期でもあった。そうした広がりの要因としては，大学のユニバーサル化が急速な勢いで進行し，それに伴って，学力から動機，考え方まで，学生が質的に変容してきたことが大きかった。こうした状況を前提に，以前から大学では様々な対策がとられてきたが，政策的にも大きな変化があった。文部科学省によって様々な教育のGP（Good Practice）事業が推進されているように，教育をより重視する場へと大学を変革させるような政策がすすめられたのである。これが，初年次教育の拡大に寄与してきたといえるだろう。その後，中央教育審議会の答申において，初年次教育が学士課程教育のなかで正規の教育として位置づけられたことも，初年次教育が普遍化することに影響を与えている。

　そうした時期を経て，現在では，初年次教育は安定期に入りつつも，様々な新たな課題に直面している。高大接続改革が進められ，2017年から三つのポリシー（アドミッション・ポリシー，カリキュラム・ポリシー，ディプロマ・ポリシー）の公表が大学に義務づけられたが，そのなかで初年次教育はどう位置づけられているのか，総合的な教育課程と初年次教育とのつながりはいかなるものか。アクティブラーニングに関する様々な手法の導入が高等教育段階のみならず，高校，中学，そして小学校段階でも求められるなかで，高校との接続や連

携をいかに進めていくべきなのか。さらには，普遍化する過程において，初年次教育に関する様々な手法が開発されてきているが，こうした手法をどう教職員に広げていくのだろうか。

　初年次教育学会は，講演会やワークショップなどを通じて研究者間・大学間での情報交換や人的ネットワーク作りを行い，初年次教育のノウハウを構築してきた。そのことを通じて，初年次教育が必要とされているという認識が学会員のなかで共有されてきたと考える。そうした認識をさらに深く浸透させるためにも，高大接続改革と進化する初年次教育（第1部），大学現場における初年次教育プログラム（第2部），初年次教育の実践的方法（第3部），そして，初年次教育学会のあゆみと会員調査（第4部）という4部構成から成る体系的な記念本を出版する。

　初年次教育が日本の大学機関に導入されてから約20年が経った。この間，教育方法やプログラムの進化・他のプログラムとの連携も進み，初年次教育には多様性も散見されるようになった。こうした新しい初年次教育の動向が，本書にはまとめられている。読者の皆様には，初年次教育の次のステージに向けての準備と挑戦の息吹を感じとっていただければ幸いである。

山田礼子

目次

まえがき ……… 3

第1部　高大接続改革と進化する初年次教育

1章　初年次教育研究の動向と課題
　　　──初年次教育学会における研究活動を中心に
　　　　杉谷祐美子 ……… 8

2章　初年次教育と小中高の取り組み
　　　──多様性を活かすアクティブラーニングの可能性
　　　　菊地滋夫 ……… 20

3章　多様化する高校と大学の教育接続
　　　──初年次教育における質の保証・向上に向けて
　　　　川嶋太津夫 ……… 32

4章　高大接続改革と初年次教育
　　　　濱名　篤 ……… 44

5章　米国の高大接続から見た日本の課題
　　　　山田礼子 ……… 56

第2部　大学現場における初年次教育プログラム

6章　内蔵型の初年次教育
　　　──カリキュラムに初年次教育をいかに組み込むか
　　　　岩井　洋 ……… 68

7章 学生の多様化と初年次教育・学生支援の連携
　　――発達障がい学生の受け入れをめぐって
　　　　西村秀雄・沖　清豪 ……… 77

8章 理工系分野における初年次教育と入試の改革
　　――主体的な学生を育てるために
　　　　塚越久美子・菊池明泰 ……… 90

9章 キャリア教育の現状と新たな取り組み
　　　　藤本元啓 ……… 102

第3部　初年次教育の実践的方法

10章 主体的・対話的で深い学びによる高大接続
　　――LTD基盤型授業モデルの提案
　　　　安永　悟 ……… 114

11章 思考を鍛える初年次教育テキストの開発
　　――アクティブラーニングによる授業展開
　　　　井下千以子 ……… 126

12章 心理学の枠組みを活かした学習スキル修得
　　――「わかったつもり」をいかに崩すか
　　　　藤田哲也 ……… 137

13章 身体と心をひらくということ――身体知とコミュニティ
　　　　横山千晶 ……… 146

14章 初年次教育としてのライティング科目
　　　　成田秀夫・山本啓一 ……… 159

15章 不確定な未来を見通す技法
　　――2030年の初年次教育を教職協働で創るために
　　　　田中　岳・立石慎治 ……… 171

第4部　初年次教育学会のあゆみと会員調査

16章 初年次教育学会のあゆみ
　　　　山田礼子・安永　悟 ……… 184

17章 2015年度会員調査結果からみた初年次教育の現状と課題
　　　　関田一彦 ……… 191

索引 ……… 201

高大接続改革と
進化する初年次教育

第1部

1章　初年次教育研究の動向と課題
——初年次教育学会における研究活動を中心に

杉谷祐美子

1　日本における「初年次教育」の発展と研究基盤の確立

　大学の新入生が大学教育や大学生活に適応することを支援する教育は，古くて新しい課題である。大学でのオリエンテーションが注目されはじめたのは，日本の高等教育がマス段階を迎えた1960年代半ばである（西野 2016）。1980年代初めには，高等学校の学習指導要領の改訂を危惧し，当時の一般教育学会（現：大学教育学会）が「第1学年プログラム」の開発を課題研究として立ち上げた（杉谷 2011）。新入生向けの演習科目が大学に広がりはじめたことは，その後の初年次教育拡大の呼び水になったといえる。

　2001年の全国私立大学学部長調査によれば，1991年以降初年次教育を実施する学部数は増大し，学生の学力低下が問題になった90年代末に急増している。同調査では「導入教育」という名称を用いて，広範な概念で尋ねたこともあるが，全体の実施率は80.9％に上った。その中心が「ゼミナール型」科目である。こうした授業科目や科目内容の編成は学部の専門分野によって異なり，日本の初年次教育が専門教育への導入的側面が強い実態が明らかになっている（杉谷 2004）。

　このように，新入生を対象とした教育の必要性は早くから認識され，高等教育のユニバーサル化に伴う学生の多様化が，大学の現場での対応を一層促進した。現在の「初年次教育」は専門教育以前に，大学教育，大学生活への円滑な移行を目的とし，学習技能，学習意欲，さらには大学生としての自覚の涵養ま

で含む，正課・正課外にわたる総合的教育プログラムを意味する。こうしたプログラムの考え方の広がりとともに，その研究も広がりと進展をみせている。

　図1は日本の学術論文を検索するデータベース・サービス CiNii Articles に基づき，「初年次教育」の用語を含む論文数の推移を示している。学術論文に「初年次教育」の用語が登場するのが2003年。2000年代初頭は「導入教育」，「一年次教育」などの用語が併存し，概念も定まらなかったが，2003年には大学教育学会の課題研究集会で，シンポジウム「日本における初年次教育の構造を考える」が開催された。同年，文部科学省の特色ある大学教育支援プログラム（特色GP）に採択された長崎大学では，その取組の名称として「初年次教育」を用いている。

　その後，初年次教育学会の設立発起人も参加する大学教育学会のラウンドテーブルでは，First Year Experience の定訳を「初年次教育」とし，リメディアル教育を初年次教育に含まないことが合意形成された（濱名 2004）。さらに，濱名（2007）はリメディアル教育や導入教育，キャリア教育など，初年次教育の隣接教育プログラムの概念整理を行い，学士課程教育の位置づけを示している。2007年には全国の大学学部調査から，初年次教育の実施率が96.9％と，分野を問わず広く普及していることが明らかになっている（国立教育政策研究所 2009）。

　2008年に創設された初年次教育学会は，まさに日本で初年次教育の用語と概念が確立したばかり，大学の現場先行で初年次教育が普及拡大していたさな

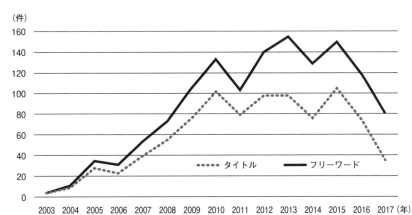

図1　「初年次教育」で検索した論文数の推移（2018年3月末現在）

かに誕生した。初年次教育は普及のための啓発期を越えて、各大学の実践活動が蓄積されはじめ、実践的課題と結びついた研究が期待される「第2ステージ」に突入したとみることができる（杉谷 2008：2）。こうして、初年次教育に関する研究成果の発表や共有の機会、情報交換や交流の場が設けられ、研究基盤が確立されたことは、図1にあるように、2009年以降、研究論文数が一定数以上維持されていることにも寄与している。

それでは、創立から10年を経た初年次教育学会では、どのような研究活動が展開されてきたのだろうか。政策の動向を踏まえたうえで、本章で検討していきたい。

2　初年次教育をめぐる政策の変化

そもそも本学会は、設立趣意書において中央教育審議会の文書にふれているように、政策の動向をたえず意識してきた（本書16章参照）。学会創立年には中央教育審議会（2008）「学士課程教育の構築に向けて（答申）」が出されている。この第2章第3節の2項に、「初年次における教育上の配慮、高大連携」が設けられたことは初年次教育の重要性を示す契機となった。答申文では、学生の学習意欲や目的意識が低下してきたことを背景に、大学入学後の、とくに初年次の段階での教育上の配慮の必要性を述べている。初年次教育については、その定義、米国での導入経緯、さらには具体的な内容まで示し、初年次教育と単位を認定しない補習教育とを明確に区別している。また、高校までの学習状況に関する情報を大学が入学後の指導に活用することや、高校と大学とが連携し、教育内容や教育方法等を含めた接続を図ることにもふれている。

その後しばらくは、初年次教育について2008年の記述をなぞる以上の政策文書は出されていない。ここに一石を投じたのが、中央教育審議会（2014）「新しい時代にふさわしい高大接続の実現に向けた高等学校教育、大学教育、大学入学者選抜の一体的改革について（答申）」である。同答申は、高等学校教育、大学入学者選抜、大学教育を一体的かつ抜本的に改革することを提唱している。その軸となるのが、「学力の三要素」（「知識・技能」、「思考力・判断力・表現力等の能力」、「主体性を持って多様な人々と協働して学ぶ態度」）である[注1]。この「学力の三要素」を高等学校教育で育成し、大学入学者選抜で多面的・総合的に評価し、さらに大学教育において発展・向上させることが求められており、高校・

大学ともにアクティブラーニングによる授業改善などが推奨されている。

　これを受けて，2015年には文部科学大臣決定「高大接続改革実行プラン」が，2016年には高大接続システム改革会議「最終報告」が示され，スケジュールや具体的方策がとりまとめられた。2018年3月に高等学校学習指導要領の改正が告示され，2022年度より施行される。2020年度からは大学入試センター試験に代わる「大学入学共通テスト」が開始される予定となっている。

　それでは，高大接続改革に伴って，初年次教育にも改革が求められるのだろうか。高校から大学まで共通した学力観に基づいて改革が行われるのであれば，初年次教育の役割はもはや不要となるのか。

　2014年答申では，初年次教育に能動的学修を行うための方法の習得を期待し，「高等学校教育の成果を大学入学者選抜後の大学教育へとつなぐ」きわめて重要なものと位置づけている（中央教育審議会 2014）。と同時に，高校と大学において育成すべき力を円滑に接続できるような研究開発，いいかえれば初年次教育を含む高大接続の研究開発も求めている。また，文部科学省大臣官房審議官も，初年次教育が「カリキュラム・ポリシーとアドミッション・ポリシーの結節点として重要性を増していく」と論じている（義本 2016）。

　さらに2016年の高大接続システム改革会議「最終報告」では，入学者の多様性に着目し，「初年次教育の見直し・充実」を述べている。すなわち，高校教育や大学入学者選抜の改革が進めば，入学者の学習歴がますます多様化し，それに加えて，留学生や社会人など，学習歴・活動歴が多様な学生を受け入れる可能性が増大する。大学はこうした入学者の入学前の学習状況なども把握したうえで，円滑な移行を図るための配慮と柔軟なカリキュラム編成，さらには厳格な進級・卒業の判定が求められる。したがって，高大接続改革においては初年次教育の役割が軽視されるどころか，初年次教育の高度化と多様化の双方を求められ，一層の研究開発の進展が必要になっている。

3　初年次教育学会の研究活動

　では，大学の現場からも，教育政策からも求められている研究開発への期待に，本学会はどのように応えてきただろうか。

　表1は，2008年秋より始まった第1回大会からの発表件数の推移である。ワークショップは，初年次教育の知識や実践的スキルの向上を目的に，理事会

がテーマを設定し担当者を決め，依頼する。他方，ラウンドテーブルは会員が企画したテーマで意見を交換する。ワークショップは徐々に増加し，第5回〜第7回は10件を超えるが，第8回以降は大会当初並みになっている。反対に，ラウンドテーブルは第5回〜第7回が低調で，第8回以降盛り返している。ワークショップとラウンドテーブルは同時間帯に配置するため，教室数の問題も影響して合計数が一定程度になっていると考えられるが，第9回はどちらも少ない。自由研究発表は第2回からほぼ安定的に50件程度を数える。近年は，理事会企画も会員の研究活動もバランスよく行われているといえる。

表1 各大会の発表件数

大会	第1回	第2回	第3回	第4回	第5回	第6回	第7回	第8回	第9回	第10回
ワークショップ	7	8	9	9	10	12	11	7	6	7
ラウンドテーブル	5	4	5	4	2	3	2	5	2	4
自由研究発表	36	51	54	58	44	51	51	51	47	52

他方，毎年度発行される『初年次教育学会誌』について，大会報告以外に掲載された論文数を示したのが表2である。第1巻はすべて理事による寄稿であり，投稿は第2巻以降になる。全体として研究論文よりも事例研究論文のほうが多い。また，第5巻あたりから近年にかけて掲載数が減少し，1件や0件という巻もある。大会発表に比べれば，論文発表については停滞気味といえるかもしれない。投稿数が判明しない年もあるが，第2巻の18件は例外として，その後は10件近くで推移している。投稿数自体が減少しているわけではないが，投稿論文執筆に関するワークショップや学会誌への寄稿文もあることから，それらを活用し，積極的な投稿が増えることを期待したい。

表2 学会誌の掲載論文件数

学会誌	第1巻第1号	第2巻第1号	第3巻第1号	第4巻第1号	第5巻第1号	第6巻第1号	第7巻第1号	第8巻第1号	第9巻第1号
研究論文	6	2	2	0	1	0	1	2	0
事例研究論文	3	4	2	6	2	3	0	1	0

4　理事会・大会実行委員会主導のプログラム

講演・シンポジウム等

次に，各大会のプログラムの内容を検討したい。まずは，理事会や大会実行委員会が企画するプログラムである。

各大会では，「講演」「シンポジウム」「フォーラム」といった名称で，大会の看板となる企画を設けている。これらを統一的なテーマで複数組み合わせる場合もあり，講演は1名の演者，シンポジウムやフォーラムは3～4名の報告者にコメンテータを加えることもある。シンポジウムの各報告内容は省略するが，各回のテーマを挙げた表3をみると，毎回，重要かつ多様性に富むテーマで構成されていることがわかる。

初期には制度や政策と関わるマクロなレベルの課題がみられたが，第3回には「リアリティ」という言葉もあるように，機関による組織的取り組みや授業実践の報告なども登場するようになる。その後は，教育内容や教育方法などの授業デザインに関する課題が取り上げられ，ミクロなレベルの関心にも応えている。また，正課外の教育，学生支援，マネジメントに関わる内容も挙がって

表3　各大会の講演・シンポジウム等のテーマ

大会	形式	テーマ
第1回	基調講演	日本の初年次教育の展開―その現状と課題―
第2回	シンポジウム	高大接続からみた入学前教育
第3回	シンポジウム	初年次教育のリアリティから教育の質保証を考える
第4回	大会企画シンポジウム	初年次教育と協同教育をつなぐ：理論と実践
第5回	大会企画シンポジウム	初年次からの多様な学生支援と教職協働
第6回	シンポジウム	初年次教育から始めるキャリア教育
第7回	記念講演	シンプルプレゼンのすすめ
	大会企画フォーラム	自己表現：表現から実現へ〈造形〉〈演劇〉〈文章〉
第8回	公開シンポジウム	変わる初中等教育の学びと大学初年次教育
	基調講演	未来に生きる人々のために
第9回	特別講演	初年次教育を活用した学生確保のあり方
第10回	大会企画シンポジウム	初年次教育と学生コミュニティ―授業内外で育む学びの成長―
	基調講演	流動化する現代社会，固定化する仲間集団―学生コミュニティをめぐる今日の課題―

いる。高等学校や小学校などからの報告もあり，第2回，第8回のように，他学校種との接続・連携に関するテーマが複数回みられる。

課題研究

学会創設から5年程経過し，活動実績が蓄積されてきた2014年より，課題研究が開始された。これは課題研究活動委員会の担当理事（旧研究担当理事）が中心となって，初年次教育に関わる重点課題を設定し，学会として戦略的に取り組む企画である。3名の報告にコメンテータを加えるシンポジウムで，主に担当理事が登壇するが，他の理事や政策担当者などに依頼する場合もある。

テーマは大会ごとに設定されるが，一定の関連性・継続性をもつ。第7回大会「高大接続の転機とこれからの初年次教育」，第8回大会「高大接続の新段階における初年次教育の新たな役割と学会への期待」，第9回大会「初年次教育の評価：プログラムとしての評価，学生をどう評価するのか」，第10回大会「3つのポリシーと初年次教育」となっている。第8回のテーマは第7回を発展させたもの，また，第9回からは課題研究活動委員会と将来構想実行委員会が3年間の中期計画を立て，段階的に開催している。テーマから明らかなように，高等教育政策と密接に結びついており，マクロなレベルの課題が中心である。しかし，各報告を見ると，個別大学の取り組みや学会会員調査結果の分析などが含まれ，大学の現場の視点にも配慮された構成になっている。

ワークショップ

学会設立時から続くワークショップは，初期には理事が主体となって実施していたが，理事以外にも適任者を依頼するようになった。開催されたワークショップの合計数は86件。ここではテーマの多様性を確認するために，ほぼ同一のテーマで同じ担当者が複数回実施したものを除く47件について，テーマとキーワードを目安に分類した。

多い順に示すと，ライティング7件，協同学習6件，スタディ・スキル／アカデミック・スキル6件，アクティブラーニング5件，身体知5件，評価3件，組織（化）3件，基礎演習2件，キャリア教育2件，学生支援2件，教職協働2件，教育プログラム1件，ピア・サポート1件，ポジティブ心理学1件，投稿論文1件となる。全体に教育方法を中心とし，実践的スキルの向上に資するものが多い。個人ワークやディスカッション，プレゼンテーションなどの活動

を伴うワークショップならではといえる。

5 会員主導のプログラムおよび自主的研究活動

ラウンドテーブル

　上記に対し，申込者が設定したテーマに基づいて複数が話題提供し，意見交換を行うラウンドテーブルは，多くは理事以外の会員からの提案である。10回の大会での合計数は36件。一部には，ほぼ同一のテーマで，あるいはテーマを変えて継続的に申し込むリピーターもいる。

　テーマを分類すると，教職協働6件，学士課程教育5件，授業デザイン5件，学生との協働4件，教育方法3件，学生支援2件，教育プログラム2件，効果測定2件，初等中等教育2件，学生調査1件，学生の定着1件，自己表現1件，質保証1件，隣接学会1件となる。「教職協働」と「学生との協働」は継続したテーマで行われて数が多いが，「授業デザイン」や「教育方法」など授業改善につながる実践的な内容も多い。その一方で，「学士課程教育」や「教育プログラム」など，初年次教育を複数科目のプログラムとして構築することや，2年次以上の教育や専門教育との接続を意識した学士課程教育の問題としても取り上げられている。また，ワークショップにはみられないテーマも挙がっており，今後検討を深めるべき課題，萌芽的研究のテーマが会員から提示されている。

自由研究発表

　会員の主たる発表の場は自由研究である。10回にわたる計495件の発表題目を部会名，キーワードを手掛かりに，適宜要旨の内容も参照して分類した結果が表4である。複数のカテゴリーにまたがる発表もあるため，2つまで重複してカウントし，各大会の発表件数総数に占める比率を示している[注2]。

　全体を通じて最も多いのは「ライティング／スキルズ」（107件）で，「ライティング」（51件）と「スキルズ」（56件）が約半々である。後者にはスタディ・スキルあるいはアカデミック・スキル，ジェネリック・スキルが含まれる。「ジェネリック・スキル」，「学士力」，「社会人基礎力」等の総称を用いているのは15件，その他，ノート・テイキングやコミュニケーション等の個別のスキルを対象とした研究も多い。

表4　自由研究発表のテーマ別件数の比率

大会	第1回	第2回	第3回	第4回	第5回	第6回	第7回	第8回	第9回	第10回	計
プログラム内容／授業デザイン	19.4%	37.3%	14.8%	17.2%	9.1%	11.8%	15.7%	21.6%	21.3%	5.8%	17.4%
教育方法	33.3%	13.7%	20.4%	19.0%	15.9%	7.8%	29.4%	11.8%	23.4%	30.8%	20.2%
ライティング／スキルズ	27.8%	5.9%	18.5%	15.5%	20.5%	29.4%	33.3%	29.4%	17.0%	21.2%	21.6%
学士課程教育	13.9%	25.5%	24.1%	10.3%	25.0%	25.5%	11.8%	19.6%	6.4%	17.3%	18.0%
高大接続／入学前教育	2.8%	19.6%	25.9%	25.9%	15.9%	9.8%	2.0%	11.8%	10.6%	13.5%	14.3%
学習成果／教育効果	19.4%	15.7%	16.7%	13.8%	13.6%	13.7%	23.5%	29.4%	17.0%	19.2%	18.2%
キャリア教育／キャリア支援	0.0%	0.0%	11.1%	10.3%	13.6%	19.6%	3.9%	5.9%	4.3%	0.0%	7.1%
学生支援／ピア・サポート／教職協働	8.3%	15.7%	24.1%	17.2%	18.2%	9.8%	7.8%	9.8%	17.0%	17.3%	14.7%
学習意欲・動機／中途退学防止	11.1%	2.0%	5.6%	10.3%	9.1%	9.8%	7.8%	5.9%	17.0%	15.4%	9.3%
発表件数総数	36	51	54	58	44	51	51	51	47	52	495

　次に多い順に挙げると、「教育方法」(100件)、「学習成果／教育効果」(90件)、「学士課程教育」(89件)、「プログラム内容／授業デザイン」(86件)となる。「教育方法」では、協同学習 (38件)、アクティブラーニング (11件)、PBL (8件)、ポートフォリオ (8件) などが多い。また、体験学習、ケースメソッド、心理学の技法や社会科学の教授法、新しいユニークな手法やツールなど様々みられる。この「教育方法」に近いのが「プログラム内容／授業デザイン」である。前者が方法に重点を置くのに対して、後者は1科目ないし複数科目の授業計画に主眼があり、「基礎演習」や「初年次セミナー」を中心に、各大学・学部固有の科目もみられる。

　なお、「ライティング／スキルズ」や「学士課程教育」の発表のうち、とくに教育方法やプログラム内容を重視していなければこれらに重複してカウントしていない。しかし、方法や内容にふれない発表はないであろうから、実際に該当するものはもっと多いとみられる。このことは、「学習成果／教育効果」についても同様である。成果・効果測定 (48件) や学生調査 (10件)、ポートフォリオ (11件)、ルーブリック (3件) などのアセスメント・ツールに関する研究を対象としたが、プログラムや授業を改善するうえで評価を伴うものは少な

くないだろう。

　他方，「学士課程教育」は専門分野別の初年次教育や専門教育との関係，学士課程教育全体から初年次教育を扱う研究が主となる。専門学部の志向性が表れており，とくに医歯薬系，理工系分野の大学・学部の発表は40件に上る。また，教職や芸術系などもみられることから，専門職業人の育成にとって初年次教育が大きな課題であることがうかがえる。

　これらに対して，「キャリア教育／キャリア支援」(35件) は最も少なく，しかも近年減少気味にある。また，政策課題である「高大接続／入学前教育」(71件) も多いほうではなく，以前に比べて増加しているともいいがたい。とくに，入試に関する研究はきわめて少ない。表4からは経年による傾向が明確にはみえづらいが，しいていえば，「学習意欲・動機／中途退学防止」が近年増加している。以前は学習意欲に関する研究が多かったが，最近は中退や学生の定着といった発表が増えてきた。また，「学生支援／ピア・サポート／教職協働」(73件) も回復の兆しをみせ，学生支援 (22件)，ピア・サポート (20件)，教職協働 (12件)，FD（Faculty Development）・SD（Staff Development）(11件) となっている。

　9つのカテゴリーは一部を除いて比較的均等に分散しているが，その大部分は正課教育の内容や方法に関する事例研究で占められている。しかし，数は少ないものの，歴史研究や政策研究4件，全国レベルや機関レベルの動向など，マクロ，ミドルな研究が国内10件，海外9件，また，大学の組織体制やマネジメントを扱う研究も14件みられる。これらの研究に適した名称の部会を設けることは難しいかもしれないが，発表申し込み時に選択するキーワードやそれをベースにした部会構成自体が発表内容を枠づけ，学会の研究を方向づけかねないことにも留意すべきであろう。

投稿論文

　最後に，第2巻以降の学会誌に掲載された投稿論文もみておきたい。研究論文は8件，事例研究論文は18件である。

　タイトル，キーワード，概要などからテーマを抽出すると，研究論文は，初年次教育の学問的基盤，初年次教育プログラムの構築，組織的な授業運営，スピーチ学習の効果要因，初年次教育を位置づける法的条件整備，ライティングの評価法 (2件)，初年次教育の導入過程となる。このうち半数は1授業や複数

授業の実践事例に基づいている。他方，事例研究論文は，英語教育，ライティング（2件），高等専門学校，カリキュラムの共通化，持続発展教育（ESD），補償教育，自然科学教育（3件），PDCA（Plan-Do-Check-Act）サイクル，PBLチュートリアル，カウンセリング，社会的スキルの育成，国際学生シンポジウム，LTD（Learning Through Discussion）話し合い学習法，ピアリーダー，研究倫理教育など，正課内・外の教育を含めて幅広い。

実践事例を扱う論文は両区分にみられるが，藤田（2015）によれば，研究論文が「実践事例を通して，より一般性の高い理論的な議論をする」のに対して，事例研究論文は「あくまでも一つの実践事例に焦点を絞ったもの」で，その事例への理解を深めることを目的とする。上記の研究も，研究論文は初年次教育に深く通底する課題を扱うが，事例研究論文は各事例の授業デザインや教育方法，ツールなどの教育効果を検証する研究が大部分を占めている。

6　学会の研究活動の特徴と課題

日本の高等教育研究において，初年次教育の用語と概念がようやく確立し，政策的にも重視されはじめた頃，すでに大学の現場では学生の変化に応じて初年次教育が広く普及していた。初年次教育学会は現場先行で実践的課題が山積するなか，創設され，研究基盤を徐々に整備してきた。

現場の関心は今日まで，会員の研究活動によく表れている。大会発表，学会誌を問わず，教育方法，プログラム内容／授業デザイン，学習成果／教育効果などミクロレベルを中心とした事例研究，それも所属大学に関する事例が多数を占める。他方，理事会の意向は課題研究にもあるように，政策や全体的な動向を探るマクロレベルの研究を基調にしつつ，ミドル，ミクロレベルの課題にも目配りしている。このように，理事会主導の研究と会員主体の研究には方向性にずれもみられるが，反面，相補的な関係にあるとみることができる。研究活動も蓄積してきたことから，今後は，マクロ・ミドル・ミクロの研究の相互交流と調和，実践研究の理論化や一般化を図っていくことが重要な課題である。

創設から10年，高大接続をめぐる政策は新たな展開をみせている。初年次教育が推進された当初は学生全般の学習意欲や学力の低下が問題とされたが，高校から大学までの一体的な改革においては，学生の多様化が進み，初年次教育には多様化と高度化の観点からの見直しが求められる。この点については，

本学会の研究開発も未着手な状況にあるため，前述の課題はさらに重みを増すことになろう。

注1) 同答申は，2007年に改正された学校教育法第30条における学力の三要素を「社会で自立して活動していくために必要な力」という観点からとらえなおし，この三つにまとめている。高大接続システム改革会議「最終報告」でも，この定義を継承している。
注2) 山田（2013）は第1回～第4回大会の自由研究発表を分析している。本稿はそれを参照したうえで，カテゴリーやカウント方法を若干変えている。

[参考文献]

中央教育審議会（2008）「学士課程教育の構築に向けて（答申）」文部科学省
中央教育審議会（2014）「新しい時代にふさわしい高大接続の実現に向けた高等学校教育，大学教育，大学入学者選抜の一体的改革について——すべての若者が夢や目標を芽吹かせ，未来に花開かせるために（答申）」文部科学省
藤田哲也（2015）「初年次教育学会誌への投稿論文執筆について」『初年次教育学会誌』7（1），127-136.
濱名篤（2004）「初年次教育・導入教育」『大学教育学会誌』26（2），59-60.
——（2007）「日本の学士課程教育における初年次教育の位置づけと効果——初年次教育・導入教育・リメディアル教育・キャリア教育」『大学教育学会誌』29（1），36-41.
国立教育政策研究所（2009）『大学における初年次教育に関する調査——基本集計』
高大接続システム改革会議（2016）「高大接続システム改革会議「最終報告」」http://www.mext.go.jp/component/b_menu/shingi/toushin/__icsFiles/afieldfile/2016/06/02/1369232_01_2.pdf（2018年5月28日閲覧）
文部科学大臣決定（2015）「高大接続改革実行プラン」http://www.mext.go.jp/b_menu/shingi/chukyo/chukyo12/sonota/__icsFiles/afieldfile/2015/01/23/1354545.pdf（2018年6月24日閲覧）
西野毅朗（2016）「日本における初年次教育導入過程の再考——大学設置基準の大綱化以前に焦点を当てて」『初年次教育学会誌』8（1），148-156.
杉谷祐美子（2004）「大学管理職からみた初年次教育への期待と評価」『大学教育学会誌』26（1），29-36.
——（2008）「初年次教育「第2ステージ」へ——実践と結びついた研究への期待」『教育学術新聞』2321
——（編）（2011）『大学の学び——教育内容と方法』（リーディングス日本の高等教育2）玉川大学出版部
山田礼子（2013）「日本における初年次教育の動向——過去，現在そして未来に向けて」初年次教育学会（編）『初年次教育の現状と未来』世界思想社，pp. 11-27.
義本博司（2016）「高大接続改革と初年次教育について」『初年次教育学会誌』8（1），116-128.

2章　初年次教育と小中高の取り組み
── 多様性を活かすアクティブラーニングの可能性

菊地滋夫

1　課題としての縦のつながり

高校と大学のギャップを埋める教育

　日本の大学教育において初年次教育が幅広い注目を集めるようになったのは，大学全入時代の到来が現実のものとなりつつあった2000年代のことである。初年次教育学会の設立が2008年であることからも，このことはうかがえよう。1990年代にも「導入教育」などの名称で，基礎的なスタディ・スキルを教える科目は存在したが，こうした取り組みが顕著になったのは，高等教育へのユニバーサル段階の到来を告げる指標の一つとしての大学進学率が50％に達し，学力や学習意欲の低下が指摘されるようになった2000年代以降である。

　もっとも，その後も受験における競争力を維持する大学では，必ずしも学力や学習意欲の低下が深刻には受け止められてはいないということもあり，初年次教育が求められるようになった状況は，大学によって様々ではあった。とはいえ，高校までの受け身の学び（しばしば知識偏重と批判される，大学受験対策の詰め込み型の勉強）から，大学生にふさわしいより能動的・主体的な学びへと円滑に移行させることは，受験における競争力の有無を問わず，多くの大学にとって共通の課題であると考えられていた。初年次教育は，そうした高校と大学の学びのギャップを埋める教育として期待を集めた。

　このことは，日本の学校教育の構造が学校種ごとに横割りになっており，縦のつながりや連続性が希薄であることと深く関わっている（安永2013）。もし仮

に連続性やつながりが明確に存在していれば，初年次教育の必要性はそれほど切実ではなかっただろう。だが，実際には，教育の現状に健全な危機感を抱いていた多くの大学関係者にとって，初年次教育は注目せざるを得ない対象であった。初年次教育の登場は，初等中等教育と高等教育の断絶を改めて浮き彫りにすると同時に，その橋渡しの重要性を喚起する役割を果たしてきたのだ。

大学での学びを社会へとつなげる教育

　初年次教育が担う役割は，学校種を超えて中等教育と高等教育をつなぐことだけにとどまるものではない。なぜなら，学生たちは大学での学びを経て，卒業後は，広い社会で生きていくことになるからであり，大学入学後の早い時期に卒業後のキャリアを視野に入れた動機付けができるか否かは，大学での学修の質や成果を左右する可能性が高いからである。それゆえ，初年次教育は，高校を卒業して大学に入学してきた若者たちを大学生にするとともに，学士課程を修了した後に生きていくことになる社会へと意識を向かわせる教育でもある。

　このようなことから，初年次教育とキャリア教育の親和性は，両者の統合が目指されるほどに高い（山田 2012）。また，卒業後を見据えつつ，大学生としてのキャリアを歩み出すという意味では，キャリア教育としての側面をも初年次教育は有しているということができる（鈴木 2017）。こうした目的に応えるべく，初年次教育には，レポートや論文のアカデミック・ライティングやプレゼンテーションの技法などを教えるスタディ・スキル系の内容のほか，大学生としての自己理解や，卒業後の進路にも意識を向ける内容がしばしば含まれる。

　また，上述の「大学生にふさわしいより能動的・主体的な学び」とは，高等教育の領域ではアクティブラーニング（以下，ALとする）と総称される学びを指すことが多い。ALが含む範囲は非常に広く，その定義も論者によって異なる。ここではそれらの定義に立ち入る余裕はないが，近年の初年次教育では，少人数クラスにおけるグループワーク，プレゼンテーション，ディスカッションなどを通して，自分の理解や考えを伝えるとともに，他者の理解や考えに耳を傾けながら学びを深める能動的な手法が多用されている。文部科学省中央教育審議会は，こうした学びで「認知的，倫理的，社会的能力，教養，知識，経験を含めた汎用的能力」が身に付くとしている（中央教育審議会 2012：9）。

　学士課程の学びの起点となる初年次教育では，ALを通して，これらの力の養成を進めていくことになるが，これらは大学生活のみならず，社会の様々な

場面においても必要であることから，この点でも，初年次教育は，大学での学びを社会へと方向付け，つなげていく教育としての役割を担っている。

　高校と大学のギャップを埋めるのが初年次教育の役割であり，大学と社会をつなぐのがキャリア教育であるとの見方がある。このような理解は単純でわかりやすいし，実際，こうした理解が全面的に誤りであるとも言い切れないのだが，これまで述べてきたことに照らせば明らかなように，初年次教育は，高校と大学のギャップを埋める教育であると同時に，大学での学びを社会につなげる教育としての役割を持っており，その意味で，キャリア教育としての要素も色濃く含まれている。このように，初等教育・中等教育・高等教育から社会へ，という縦のつながりをどう担保するのかという課題に応えていくうえで，初年次教育は極めて重要な位置を占めているのである。

2　ALと初年次教育

ユニバーサル段階の教育

　さて，「初年次教育といえばAL」という図式は，おそらくほとんどの大学で定着しているのではないだろうか。旧来型の一方通行的な講義形式による初年次教育の科目を実施する大学は皆無ではないにしても，非常に少ないと予想される。では，なぜ「初年次教育といえばAL」なのだろうか。

　すでに述べたように，ALは，高校を卒業したばかりの新入生を，大学生にふさわしいより能動的・主体的な学びへと円滑に移行させる学びであり，学士課程から卒業後の社会生活に至るまで必要とされる，認知的，倫理的，社会的能力，教養，知識，経験を含めた汎用的能力の育成を目指すために用いられる手法である。初年次教育において様々な形でAL的な学びが用いられるのは，その目的に照らして当然であったといえる。

　だが，これだけが「初年次教育といえばAL」となった理由ではない。

　上述のように，日本の高等教育に本格的に初年次教育が導入されるようになったのは，概ね2000年代以降のことであり，その背景にあるのは，冒頭でも触れた，いわゆる大学全入時代の到来であり，それと同時に多くの大学から聞こえてくるようになった大学生の学力や学習意欲の低下といった問題である。

　大教室に100人，200人，あるいはそれ以上の学生を詰め込んで行われる旧来型の講義形式の「授業」は，学力や学習意欲の比較的高い学生にとっても

十分な学習効果が期待できるものであったかどうかは疑わしいが，ましてや 2000 年代以降の大学に入学してくるようになった学力や学習意欲の低い学生の多くにとって学習効果がどれだけあったかは極めて怪しい「授業」であった。大学における「授業崩壊」や「学級崩壊」といった状況が頻繁に話題になったのはこの頃である。このような状況に対応すべく，2000 年代以降の初年次教育の主流は，少人数クラスにおける AL 型授業へと舵を切っていったのである。

学科や専攻ごとに行う初年次教育のミスマッチ

今日では学習意欲が低い多くの若者たちが，何をどう学びたいのかといったことを深く考えることなく，大学に入学してくるといわれる。しかし，それは若者たちの責任なのだろうか。そもそも日本の学校教育の構造が学校種ごとに横割りになっており，縦のつながりや連続性が希薄であるなかで，18 歳の時点で大学において何をどう学ぶかを決めさせる仕組み自体に無理はないのだろうか。学力や学習意欲が高い入学者を多数受け入れていると思われる東京大学の学生でさえ，専攻の選択と決定が教養部での 2 年間を経た後の方が好ましいと考える学生が多数であり，早い時期に専攻を決める方式を希望する学生は 2012 年の時点で 3 割に過ぎない（東京大学大学総合教育研究センター 2012）。

大学での学科や専攻は，高校までの得意科目などで単純に決められるとは限らない。むしろ大学入学後に，高校までの学びでは見えなかった選択肢に気づき，将来的なビジョンをも模索するなかで自分が取り組むべき学問領域が姿を現してくるはずだ。にもかかわらず，東京大学のようなレイトスペシャライゼーションの仕組みを持たないほとんどの大学では，入学希望者は，原則として入試出願時には学科や専攻を決めなくてはならない。受験生は自分が学びたい分野が十分に明確ではないまま，高校までの得意科目や，受験偏差値，知名度，就職状況などを参考にして志望する大学・学部・学科を決めることになる。

このように，「とりあえず決めた」学科や専攻に所属せざるを得なかった学生たちに対して，専攻での学びに意欲を持っているのが当然だと言わんばかりの初年次教育を実施しても，学びの活性化が望めないのも無理はない。

学部学科横断クラスによる全学初年次教育

このことを別の角度から考えるうえで非常に興味深いのが，東北大学における初年次教育の事例である。同大学では，2000 年代初めには，2 つのタイプの

初年次教育の授業が存在していたという。一つは，それぞれの専攻ごとの導入科目的な内容の授業であり，もう一つは，学部学科横断クラスによる1年生向けの授業であった。しかし，調査の結果，後者の人気が高く，結局，東北大学では学部学科横断クラスによる初年次教育科目に一本化したという（友野 2010）。学生たちは，自分が所属する学部学科に限定されない広い視野から学びを得て，また自分とは異なる学部学科に所属する多様な学生たちとの関わりから様々な気づきや刺激を得て，狭い学科内での学びよりも，はるかに多くの貴重な学びを得たとの実感を得ていたのではないだろうか。

　また，教育心理学の立場から協同学習を推進する久留米大学の安永らは，2005年より久留米大学に学部学科を超えた横断型クラス編成による初年次教育を構築した（安永・石川・満園 2006）。この授業には，考え方や価値観が異なる多様な学習者が参画することで学びが活性化し，深まっていくとする協同学習の知見（バークレイ，クロス&メジャー 2009）が十分に活かされていた。入試出願時には専攻を決定しなくてはならなかったとしても，他学部他学科の学生たちとの学び合いは，東北大学の事例と同様に，学生たちにとっては，広い視野から自分の進むべき方向性を自ら考えるうえで非常に有用であったと想像される。

明星大学における学部学科横断型初年次教育

　わたしが所属する明星大学では，2005年度より，初年次教育的な必修科目が全学的に開講されたが，学部ごとに異なる内容と方法で実施されたこの科目の検証結果は思わしくなく，学生の離籍率は悪化の一途をたどっていた。そこで，離籍率の改善を目指して，2010年度より学部学科横断クラスを特徴とする全学初年次教育科目「自立と体験1」を開講した。1年前期必修のこの授業では，2,000名強の新入生を約70クラスに分け，各30名ほどのクラスには全7学部（2017年度より8学部）の学生が振り分けられた。多様な学部学科に学ぶ学生からなる，異質性，多様性，流動性を意図的に最大化したクラスにおいて，学生たちは様々な刺激を受けて，卒業後の進路をも少しずつ視野に入れつつ，自分が大学にいる意味について思考を深めていく。授業は，全クラスが共通シラバスに沿って進められ，担当教員は共通の教案，教材（ポートフォリオなど）を用いながら，協同学習をベースとしたALを実施している。

　この授業の開講に向けて検討を開始した2008年当時に実施された学生生活実態調査では，実に約4割もの学生が少しでも退学を考えたことがあると回答

していた。また，その理由としては，そもそも何のために大学に入学したのかが明らかではなかったからと答えた学生が，退学を考えたことのある学生の 6 割を占めていた。2009 年度に入学した学生が留年も退学もせずに 4 年生に進級した割合は約 67% であった。しかし，「自立と体験 1」が開講された 2010 年度に入学した学生では 70% 台を回復し，その後数年で 80% 前後まで上昇した。

　離籍率の変動には，様々な要因などが絡むことが予想され，改善の原因をすべて「自立と体験 1」の成果に帰することはできない。だが，この授業を受講した学生へのアンケート調査によれば，学部学科横断に対する評価は圧倒的に高い。この科目の特徴である「少人数クラス」や「グループでの学習活動」を評価する学生は非常に多く，「そう思う」「とてもそう思う」の合計はいずれも 90% を超えているが，「他学部・他学科の学生との交流」を評価する学生はさらにその上をいく（菊地 2013）。

　2017 年度のアンケートでは，「「少人数クラス」は役に立ちましたか？」との問い及び「「グループでの学習活動」は役に立ちましたか？」との問いへの「そう思う」「とてもそう思う」の合計はいずれも 92.5% であったのに対し，「「他学部・他学科の学生との交流」は役に立ちましたか？」との問いへの「そう思う」「とてもそう思う」の合計は 93.6% であった。わずかな差だが，「とてもそう思う」に限れば，「「少人数クラス」は役に立ちましたか？」53.0%，「「グループでの学習活動」は役に立ちましたか？」52.9% に対して，「「他学部・他学科の学生との交流」は役に立ちましたか？」では 60.3% がそのように回答している。この傾向は，2010 年度の開講以来一貫している。

　詳述する余裕はないが，筆者は，学部学科横断クラスでは，学生間の違いが優劣ではなく相対的な差異として捉えられるため，他者を見下さず，互いに尊重しあえる，健全な自尊感情が育まれる環境があるという点を論じたことがある（菊地・御厨 2014）。このことと関連して，アンケートの自由記述欄には，他学部・他学科の学生との交流から様々な気づきや刺激を得たという記述が数多く見られる。2010 〜 2016 年度に実施した「自立と体験 1」のアンケート計 9,270 例について年度別にテキスト・マイニングを行い，データを検討した落合によると，様々な学部学科に所属する友人の獲得や，非認知能力の向上について，履修者たちは肯定的な反応を示していると推定できるという（落合 2017）。

　教員にも目を向けると，この科目の担当教員の約 7 割は各学部学科に所属する専任教員であり，それ以外のクラスは，この授業を運営することを主な目的

の一つとして新たに設置した明星教育センター所属の特任教員・常勤教員が担当している。各学部学科に所属する専任教員は，全体の8割以上がこの授業の担当経験がある。初めてこの科目を担当した教員には，この授業で用いるAL的な手法を自分の授業でも応用している教員がいることがわかっている（御厨2016）。初年次教育への関与を通して，教員もまた自らの教育スタイルを更新していくことになり，全学的なALの浸透へとつながっている。

　学部学科横断クラスの実現には，教員の理解と協力というハードルがあり，簡単に普及すると見るのは楽観的に過ぎよう。しかし，近年では，九州大学，京都産業大学，日本大学などの大規模大学でも初年次教育を学部学科横断クラスで実施するようになった。これまでに明星大学に「自立と体験1」の視察に訪れた大学は数十校になるが，そのなかには学部学科横断クラスによる初年次教育科目の開設に向けて準備を進めている大学もある。少しずつだが，学部学科横断クラスは，日本の高等教育における初年次教育の潮流の一つになりつつある。縦のつながりや連続性が希薄な日本の学校教育システムにおいて，それは，初年次教育を機能させる有力なブレークスルーとなる可能性を示している。

教職協働，そして教職学協働へ

　教職協働は，大学における教育改革を成功させる鍵の一つとされるが，それは，とりわけ学部学科横断クラスを採用した初年次教育を有効に機能させるために不可欠である。それぞれの役割が違うからこそ職員と教員は互いに対等なパートナーとして新たな教育の実現に向けて協働することができるのである。往々にして聖域化され，ブラックボックス化してしまいがちな授業の運営に職員が関与することで，教育の質は大きく改善される可能性が高い。

　さらに，SA（Student Assistant）などの学生スタッフの参画により，履修者である1年生のロールモデルとしての役割や，「学生目線」からの意見や疑問の表明など，教職員だけではできないような形で，授業の質の維持と向上に寄与することが期待できる。また，学生―職員―教員で協働しながら種々の業務を遂行していく過程で，学生スタッフもまた自らの成長を促すことができる。

　このように，学部学科横断クラスによる全学的初年次教育の実施は，結果的に教職協働や教職学協働の推進につながり，大学全体の教育のあり方をも抜本的に改善，改革していく可能性を秘めている。

3　小中高の取り組み

高大接続改革への高校の対応

2020年度より始まる大学入試改革は，高校と大学での学びを改革し，両者を接続させることを目指す「高大接続改革」である。高校では，①知識・技能の着実な習得，②それに基づく思考力，判断力，表現力，③主体性を持って多様な人々と協働して学ぶ態度という，いわゆる「学力の三要素」を育成することが求められる（中央教育審議会 2014）。大学教育は，高校までに培った力をさらに向上・発展させ，社会に送り出すためのものであるとされる。

高校での教育は，長らく知識偏重の受験対策の勉強であるとの批判があった。これを上記のような学力の三要素を培うための教育へと抜本的に改革するために，知識をどれだけ詰め込んだかを問うだけではなく，思考力，判断力，表現力をも問う入試問題のあり方が検討されている。これに呼応する形で，高校の教育は AL（主体的・対話的で深い学び）へと急速に移行しつつある。生き残りをかけた私立高校では，学校を挙げて AL に取り組み，Web ページなどで受験生やその保護者，学校や塾などの関係者にアピールする高校も目立つようになってきた。リクルート進学総研が行った調査によると，高等学校における AL 型授業の実施率は，2014年に47.1%だったものが2016年には92.9%に上昇している。学校全体・教科で取り組んでいるケースも，2014年の20.7%から2016年の41.7%へと約2倍に増加したという（リクルート進学総研 2017）。

公立高校の場合，学校間で教員の異動があるなど事情はやや異なるが，学校全体で AL に取り組む学校も出てきている。社会生活で活きる汎用的能力の育成としてのキャリア教育を推進するスタンスながら，2013年度に AL の「確かな学力向上推進・研究推進校」に指定された神奈川県立藤沢清流高校の取り組みはその好例である。教員全員が最初から AL 型授業の実施に熱心だったわけではないが，同校では，校長のリーダーシップの下，牽引役となる総括教諭から同僚教員に，徐々に広げていった。AL の方法を統一せず，それぞれの教員の持ち味を活かして授業を進めるなど，押し付けにならないような形で進めていったという（小島 2016）。

高校全体として見れば，AL に一斉に舵を切ったとは言えないが，高大接続改革が当初の狙いから外れずに実行され，思考力，判断力，表現力を問う入試

が実施されれば，高校における AL 導入の流れは自ずと加速していくだろう。

小学校における ICT を活用した AL

　小学校における AL（主体的・対話的で深い学び）は，中学校や高校よりも浸透しているといわれる（木村 2015）。ここでは，ICT を活用した AL に積極的に取り組んで来た日野市立平山小学校の事例を手短に紹介しておきたい。

　同校では，2009 年度から公益財団法人パナソニック教育財団の特別研究などの研究指定を次々に受けるようになり，総務省の「地域雇用創造 ICT 絆プロジェクト（教育情報化事業）」では，1 人の児童に 1 台ずつタブレットが配備された。また，当初は学力向上を狙った取り組みであったが，防災教育のカリキュラムを開発する文部科学省研究開発学校の指定も受けた。同校では，東日本大震災を契機に子どもの未来へ生き抜く力を育みたいと，防災教育を基盤とする「生きぬく科」という教科を新設したのである。この教科では，解が一つではない問題に教科横断的に取り組み，自立した人間として他者と協働しながら未来を切り拓いていく実践力を身につけることを目指している。さらに，やはり ICT を活用して，学校と家庭での学びを接続し，学びのプロセスを可視化する試みも進めている（五十嵐 2016）。

　校長のリーダーシップの下，教職員が協力することによってこうした先進的な学びの場が現実のものとなった同校には，全国から視察・見学に訪れる教育関係者が絶えない。そうした大勢の教育熱心な職員の努力が，小学校における AL の浸透を促進しているのであろう。

異年齢や地域との関わり

　ところで，前にも述べたように，協同学習の実践と研究においては，同質的，均質的な学習グループよりも，考え方や価値観が異なる多様な学習者が参画することによって学びが活性化し，深まっていくということが明らかになっている。この点で，異年齢の子どもたちからなるクラスを構成し，そのなかでの教えあい，学びあいを積み重ねていくオランダ・イエナプラン教育（リヒテルズ 2006）は，非常に魅力的な教育である。また，同教育は，保護者や地域との交流を大事にする点でも特色がある。

　日本でも，2019 年 4 月にイエナプラン教育による日本初の小学校である佐久穂町イエナプランスクールが，長野県南佐久郡に開校されることが決まって

いる（佐久穂町イエナプランスクール設立準備財団）。明治以来，同年齢クラスを原則としてきた日本の初等教育の歴史に照らせば，同校の開校は画期的である。

　だが，既存の学校教育の枠内でも，地理的な条件を積極的に活かし，異年齢の児童の教えあい，学びあいや，保護者や地域との交流のなかで積極的にALが実践されている事例もある。静岡市立井川小学校と同井川中学校が2016年度に合併してできた静岡市立井川小中学校は，そうしたユニークな教育を実践する小中一貫校である。静岡市葵区の山間部に立地する同校では，学年を越えて児童生徒間に密な交流があり，加えて職員も地域住民と信頼関係を築いており，学校の内外で，多様な人々が関わる学びの環境が整っている。こうした環境が実現できたのは，職員の熱意と創意工夫，地域住民の協力があったからであり，過疎化の進んだ山間部という地理的条件によるところもあるだろう。それでも，都市部の学校が，そのエッセンスを学ぶ意義はけっして小さくはない。

　オランダなどと比較すれば，日本の学校教育の多様性は乏しいが，中央教育審議会の答申などに見られるように，多様化への流れは少しずつ動き出している。このような動向とも関連して，今後，各学校がそれぞれの特性を活かしつつ，初等中等教育におけるALへの転換が進む可能性がある。

4　AL化が進む初等中等教育と大学初年次教育

　以上見てきたように，小学校を筆頭に，初等中等教育のAL化は進みつつある。比較的取り組みが遅いとされてきた高校でも，近年のALの浸透は急激でさえある。では，この変化がさらに進んだとき，大学初年次教育はどのような役割を求められるのであろうか。本章の最後にこの点を検討しておきたい。

　本章では，初年次教育の役割を次の3点にまとめて論じてきた。すなわち，①高校と大学のギャップを埋める初年次教育，②キャリア教育としての初年次教育，そして，③学習意欲を引き出す初年次教育，である。

　①は，スタディ・スキルを身につけつつ，高校までの受け身の学びから，大学生にふさわしいより能動的・主体的な学びへと円滑に移行させる教育である。初等中等教育で育成されたアクティブラーナーが大学に入学してくるようになっても，高校までの学びを発展させ，それぞれの大学・学部・学科等に必要なスタディ・スキルを身につけさせるという需要がなくなるとは考えにくい。

　②は，大学での学びを社会へと方向づけ，つなげていく教育としての役割で

ある。大学卒業後を視野に収めつつ，ALを通して社会生活でも求められる汎用的能力を培うのであるが，大学卒業後の進路まで十分に考えて入学してくる者が，今よりも飛躍的に増えない限り，②の需要がなくなるとは想定しにくい。

最後の③は，多様な価値観や考え方が混在する学部学科横断クラスをあえて用意して，広い視野から自分の進む方向性を考えさせる初年次教育である。現代の日本のほとんどの大学は，様々な事情からレイトスペシャライゼーションを採用していない以上，この需要は非常に大きいままであろう。

こうして見ると，初等中等教育で急速に進むAL化の流れにあっても，初年次教育に求められるものは，それほど劇的に変わるとは思われない。

だが，初等教育・中等教育・高等教育から社会へ，という縦のつながりをどう担保するのかという課題に立ち返ってみよう。すると，AL化が進む初等中等教育に比べて，高等教育（大学教育）では，初年次教育・キャリア教育と実習や演習などを除けば，変化の遅さが逆に際立ってはいないだろうか。

実際には，クラスサイズの大小を問わず，いわゆる講義系の科目であっても，ICTの活用なども含めて，様々なAL的な手法を用いて学生たちの学びを深めていくことは不可能ではない。しかし，今のところ，すべての授業をAL化することは，ほとんどの大学では実現できていないのが現状であろう。そして，入学してくるアクティブラーナーたちにとって，そのような旧来型の一方通行型の講義は「退屈極まりないもの」と捉えられかねない。

このボトルネックの打開策はいくつか考えられようが，初年次教育に関連して言うと，前述のように，これまでAL型の授業を経験してこなかった教員が，学部学科横断クラスによる全学的初年次教育を担当することを通して，様々な気づきを得て，自らの教育スタイルを更新していく事例は確認されている。20世紀の終わりから21世紀の初頭にかけて日本の大学教育に導入されてきた初年次教育には，高校生を大学生にし，社会へと方向づけ，つなげるだけでなく，それに携わる教員をも学生の学びと成長をいっそう引き出す存在へと変えていく可能性を秘めていることを改めて指摘して，本章の結びとしたい。

[参考文献]

バークレイ，E. F., クロス，K. P. & メジャー，C. H./安永悟（監訳）(2009)『協同学習の技法――大学教育の手引き』ナカニシヤ出版（Barkley, E.F., Cross, K.P. & Major, C.H. (2005) *Collaborative*

Learning Techniques: A Handbook for College Faculty, San Francisco: Jossey-Bass.）
中央教育審議会（2012）「新たな未来を築くための大学教育の質的転換に向けて——生涯学び続け，主体的に考える力を育成する大学へ（答申）」文部科学省
―――（2014）「新しい時代にふさわしい高大接続の実現に向けた高等学校教育，大学教育，大学入学者選抜の一体的改革について——すべての若者が夢や目標を芽吹かせ，未来に花開かせるために（答申）」文部科学省
―――（2016）「個人の能力と可能性を開花させ，全員参加による課題解決社会を実現するための教育の多様化と質保証の在り方について（答申）」文部科学省
五十嵐俊子（2016）「平山小学校における新たな学びの実践」『初年次教育学会誌』8, 27-35.
菊地滋夫（2013）「学部学科を超えた他者との対話が切り拓く地平——明星大学における初年次教育の取り組み」『私学経営』465, 17-22.
菊地滋夫・御厨まり子（2014）「学習意欲と自尊感情をいかに高めるか——学部学科横断クラスの効果と導入への課題」第 7 回初年次教育学会（口頭発表）
木村治生（2015）「小学校・中学校・高校における「アクティブ・ラーニング」の効果と課題」『「第 5 回学習基本調査」報告書［2015］』https://berd.benesse.jp/up_images/research/06_chp0_4.pdf（2018 年 6 月 12 日閲覧）
小島昭彦（2016）「AL 型授業による藤沢清流高校での組織的な授業改善」『初年次教育学会誌』8, 36-47.
御厨まり子（2016）「明星大学全学初年次教育科目「自立と体験 1」実践報告——新規に担当する教員を対象としたアンケート結果と教職学協同での授業運営」第 9 回初年次教育学会（口頭発表）
落合一泰（2017）「学びの鏡としての受講者感想——明星大学の初年次教育「自立と体験 1」（2010～2016）の 9,270 例は何を語るか」『明星——明星大学明星教育センター研究紀要』7, 27-38.
リクルート進学総研（2017）「「アクティブラーニング型授業」9 割以上の高校で実施　組織的な取り組みが約 4 割」http://souken.shingakunet.com/research/2016shinro2.pdf（2018 年 6 月 12 日閲覧）
リヒテルズ直子（2006）『オランダの個別教育はなぜ成功したのか——イエナプラン教育に学ぶ』平凡社
佐久穂町イエナプランスクール設立準備財団ホームページ http://sjsef.jp（2018 年 6 月 12 日閲覧）
鈴木浩子（2017）「キャリア教育の視点から見た大学初年次教育授業実践」菅原良・松下慶太・木村拓也・渡部昌平・神崎秀嗣（編著）『キャリア形成支援の方法論と実践』東北大学出版会
友野伸一郎（2010）『対決！大学の教育力』朝日新書
東京大学大学総合教育研究センター（2012）「学生からみた東京大学——3 つの東大生調査から」http://www.he.u-tokyo.ac.jp/wp-content/uploads/2014/04/3d392a536e624d84f35ebad98a43b56d.pdf（2018 年 6 月 12 日閲覧）
山田礼子（2012）「大学の機能分化と初年次教育——新入生像をてがかりに」『日本労働研究雑誌』54(12), 31-43.
安永悟（2013）「協同学習——授業づくりの基礎理論」初年次教育学会（編）『初年次教育の現状と未来』世界思想社, pp. 69-81.
安永悟・石川真人・満園良一（2006）「久留米大学における導入教育「共通演習」の成果と課題」『京都大学高等教育研究』12, 15-25.

3章　多様化する高校と大学の教育接続
―― 初年次教育における質の保証・向上に向けて

川嶋太津夫

1　大学教育改革と初年次教育

　1991年の大学設置基準及び学位規則の改正により，それまで称号に過ぎなかった「学士」が学位となると同時に，修士，博士の学位とともに，専攻分野については括弧内に記すこととなった。それまでの学士の種類は，文学士，理学士など29種類だったが，これ以降は学士に統一され，学士（文学），学士（理学）というふうに，括弧内の専攻分野の名称については，各大学，学部，学科等が適切な名称を付記することとなった。この大学設置基準の改正，いわゆる大綱化と学位規則の改正により，学士の専攻分野は1994年には250種類まで急増し，その後も増え続けた[注1]。

　そこで，2008年12月に中央教育審議会が出した答申「学士課程教育の構築に向けて」（以下，学士課程答申とする）は，我が国の大学が授与する「学士」がどのような知識や能力の獲得を意味するのかが不明瞭になりつつあるのではないかとの問題意識のもと，学士課程教育の「多様性」と「標準性」のバランスを図るべき時に来ているとして，専攻にかかわらず，我が国の学士課程が共通に保証すべき「学習成果（知識・能力）」として，参考指針ながらも「学士力」を提案した。

　そして，学士課程答申は，このような学士課程教育の多様化の背景として，少子化と大学の入学定員の増加を指摘した。一部の大学では入学を巡って激しい競争が起きているが，他方で，私立大学の半数近くで定員割れが生じるなど，

大学入学を巡っては二極化が生じている。総じて，特定の大学・学部への入学を望まなければ大学に進学できる，いわゆる「大学全入時代」が到来している，としている。

そのため，高校で大学進学に備えて十分な準備を欠いたまま入学する学生が増加し，入学後に「補習教育」を多くの大学が提供せざるを得ない状況が生じている，と指摘した。特に，かつての学力試験のみでの入学者選抜から，より多元的に志願者を評価する方式として導入された推薦入試や AO 入試の一部では，実質的に「学力不問」の入学者選抜が行われているとの懸念を示した。そこで，高等学校教育から学士課程教育への円滑な移行を促す仕掛けとして，高等学校での学習の成果を測定する「高大接続テスト（仮称）」の導入を提言し，今日の「高大接続改革」につながることとなった。

さらに，単に学力面のみならず，そもそも大学進学意識が希薄なままで進学する学生，大学での学習に求められる自主的な学習態度を欠いたまま進学する学生が増加しているため，「初年次教育」の重要性と有効性が初めて中央教育審議会の答申で言及された。学士課程答申は，「新たな学校段階への移行を支援する取組として，初年次教育への注目も高まってきている。初年次教育は，「高等学校や他大学からの円滑な移行を図り，学習及び人格的な成長に向け，大学での学問的・社会的な諸経験を成功させるべく，主に新入生を対象に総合的につくられた教育プログラム」あるいは「初年次学生が大学生になることを支援するプログラム」」と紹介している（中央教育審議会 2008：35）。

学士課程答申が初年次教育の重要性と有効性を指摘したのは，大学の多様化の進展に先行して，高校教育の多様化が進んでおり，「受験生，大学の双方が多様化する中で，学士課程教育の質の維持・向上の前提として，高等学校と大学間の円滑な接続を実現し，両者の希望のマッチングを図る」ことがますます重要になると認識していたためである（中央教育審議会 2008：32）。初年次教育を初めて取り上げた学士課程答申から 10 年が経過した。そこで，本章では，我が国の初年次教育の現状を概観するとともに，課題と今後求められる方向性について論じたいと思う。まず，高校教育の現状を確認してみよう。

2　高校教育の多様化

中学校から高等学校への進学率は 1974（昭和 49）年に 90％を超え，2015 年

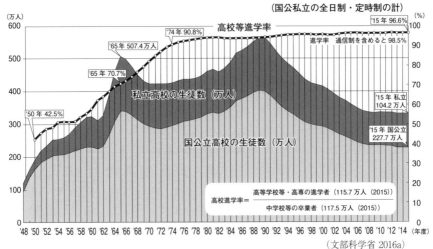

図1 高等学校への進学率の推移

（文部科学省 2016a）

には96.6％（通信制を含めると98.5％）に達し，事実上「義務教育」化しているため，文部科学省は，高校教育の急速な普及の過程をふまえて，高等学校を「国民的教育機関」であるとしている（中央教育審議会初等中等教育分科会高等学校教育部会 2014：3）。

中学校から高等学校への進学率の上昇に伴い，高等学校は多様化してきている。高校への進学率が70％程度であった1965年頃には，高校の学科は普通科と商業科，工業科，農業科，家庭科などの専門学科だけであったが，進学率が90％を超え始めた1970年代に入ると，従来の専門学科に加えて看護科，1994年には総合学科，2000年代には情報科，福祉科などが設置された。2015年では，上記の専門学科に加えて「その他」に分類される学科が，専門学科の中では工業科に次いで多く，これらには理数，体育，音楽，美術，外国語，国際関係等の専門学科が含まれ，高校の教育課程も多様化が一層進んだ（表1）。

高校への進学率の上昇と学校週五日制の導入，そして高校の教育課程の多様化の結果，高校生の履修状況の多様化も進んだ。

たとえば，1963年の学習指導要領では全ての高校生が履修すべきとされた必修教科・科目の卒業単位数に占める割合は80％を超えていたが，現行の学習指導要領ではその比率は42％までに低下している（図2）。そのため，高等学校卒業者といっても，何を学んだか（あるいは何を学ばなかったか）は，一人一

表1 高校の学科数の推移

年	普通	農業	工業	商業	水産	家庭	看護	情報	福祉	その他	総合	計
1955	3,209	1,217	394	875	61	1,615	…	…	…	55	…	7,426
1960	3,958	1,257	644	1,252	64	1,561	…	…	…	50	…	8,786
1965	4,165	923	925	1,356	65	1,166	…	…	…	69	…	8,669
1970	4,110	762	923	1,407	56	992	…	…	…	291	…	8,541
1975	4,249	634	918	1,256	53	873	168	…	…	225	…	8,376
1980	4,601	521	852	1,236	52	773	164	…	…	235	…	8,434
1985	4,772	480	838	1,195	54	702	164	…	…	261	…	8,466
1990	4,814	448	840	1,168	52	637	156	…	…	363	…	8,478
1995	4,816	424	841	1,121	52	537	143	…	…	521	23	8,478
2000	4,706	393	797	1,010	48	430	141	…	…	607	141	8,273
2005	4,569	369	766	881	46	372	99	22	68	606	278	8,076
2010	4,230	341	669	745	44	296	97	25	107	583	342	7,479
2015	4,077	318	632	676	42	277	95	28	98	567	371	7,181

（文部科学省 2016b）

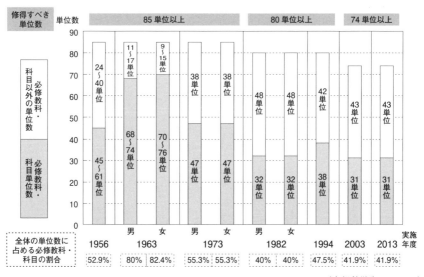

（文部科学省 2011：12）

図2 高等学校（普通科）における卒業までに修得すべき単位数の推移

人大きく異なっており，入学試験で一律の選抜方法や出題教科・科目を課すことは極めて困難になっている。理系学部に進学を希望していても，理科を2科目以上履修していなかったり，医療系に進学しても，高校で生物を履修してい

なかったりするなど，高校での履修状況と学士課程での学習との接続の断絶が大きな教育上の課題として浮上してきている。

3 大学（学士課程）教育の多様化

18歳人口の減少がすでに予測されていたものの，大学設置基準の大綱化の結果，短期大学からの転換も含め大学の増設が続き，大綱化された1991年には4年制大学は514校だったが，四半世紀経過した2016年には1.5倍の777校にまで増えた（図3）。

そのため，注1）にも紹介したように「今後の高等教育の将来像の提示に向けた論点整理」によれば，学位の分野の種類も1994年の250種類から，2015年には723種類にまで増加し，その中には1大学のみで使用されている名称も6割程度あるという。

同時に，高大接続の要である入学者選抜も，多様化してきた。現在，学力検査を重視する一般入試，学校長の推薦に基づき，学力検査を原則実施しない推薦入試，そして2000年から導入された，学力検査を過度に重視せず，調査書，志望理由書，小論文，面接等を総合的に評価するAO入試の3方式で実施されている。

AO入試が開始された2000年では，大学入学者の3人に2人は学力検査を

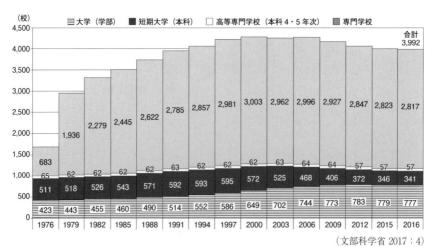

（文部科学省 2017：4）

図3　高等教育機関の学校数の変化

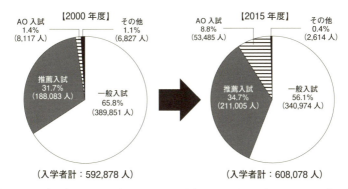

注:「その他」…専門高校・総合学科卒業生入試,社会人入試,帰国子女・中国引揚者等子女入試など
(山田 2017)

図4　2015年度の入学者選抜実施状況（2000年との比較）

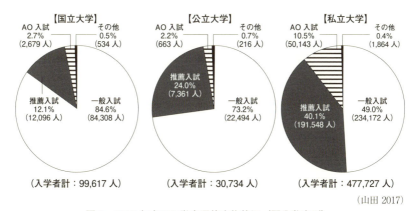

(山田 2017)

図5　2015年度の入学者選抜実施状況（国公私立別）

経て入学し，約3人に1名が推薦入試を経て入学していたが，2015年になると，一般入試を経た入学者は約半分強の56.1％にまで減少し，代わって学力検査を過度に重視しないAO入試を経た入学者が約1割弱の8.8％，そして原則として学力検査を課さない推薦入試入学者が約3人に1人強の34.7％となり，いわゆる「学力不問」入試を経た大学入学者が，ほぼ4割となった（図4）。

特に，私立大学では，なんらかの学力検査を経た大学入学者は，今や半数を割り込んでいる（図5）。

その結果，大学関係者は，現在の大学入学者の学力が以前の入学者と比べて低下しているとの懸念を示し（図6），さらに入学者の間での学力の格差も大き

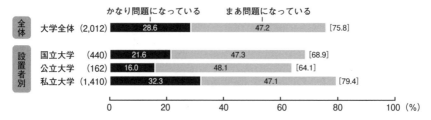

図6 入学者の学力・学習に関する大学学科長の認識「以前より学生の学力が低くなったこと」

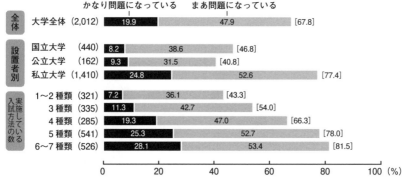

図7 入学者の学力・学習に関する大学学科長の認識「学生間の学力差が大きく,授業がしづらいこと」

くなっているとの認識を示し,とりわけ,入試の種類が多い大学ほど入学者の学力の格差が大きいと認識している(図7)。

さらに,同じ調査では,学力検査を課す一般入試による入学者に比して,推薦・AO入試による入学者の方が基礎学力が低く,また入学後も学習への意欲を維持するのが難しいと回答した割合が,大学の学科長では,それぞれ,52.5%,25.9%であった(図8)。

しかし,何らかの学力検査を課している一般入試でも,高等学校での幅広い普遍的な学習を歪めてしまうような入試も目立つ。私立大学では,すでに一般入試での入学者が5割を切ったことは先に述べた通りである。しかし,その一

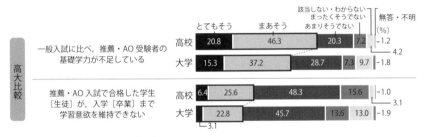

図8 推薦入試・AO入試に関する評価

(ベネッセ教育総合研究所 2014：13)

般入試でさえ，その出題科目数を見てみると，2009年では，3教科3科目を課す入試が48.3％，2教科2科目を課す入試が23.1％と，一般入試で学力検査を課すとはいえ，3教科3科目以下が過半を占めている。

4 限定的な高大教育接続とそれへの対応

大学進学者が少なかった時代は，多くの進学者が普通高校で5教科7科目を履修した上で，大学に進学してきていた。また，教養部という教育組織が多くの大学に設置され，新入生を大学教育へと導く役割を果たし，1年ないし2年にわたって一般教養のみならず大学で学ぶために必要な基礎知識や技能を提供し，様々な批判はあったものの，高校教育と大学教育を接続する役割を担っていた。しかし，1991年の大学設置基準大綱化により，ほぼ全ての国立大学は教養部を廃止し，4年一貫教育課程へと転換し，新入生は最初から学部や学科に属し，「くさび型」カリキュラムを通じて専門教育も履修することとなった。

そのため，図9で示したように，高校での普通教育と大学の教養部での一般教育とのある意味「普遍的」な教育接続から，多様な高校における多様な学習履歴と多様な学士課程の多様な専門分野との「限定的」かつ「複雑」な教育接続の状況が生まれることとなった。そのため，多くの大学は，この限定的で複雑な高大接続への対応を迫られることとなった。

そこで，多くの大学が高等学校での履修状況に応じた様々な取り組みをせざるを得なくなっている。文部科学省の調査によれば，2015年度において，高等学校での履修状況に配慮した取り組みを実施している大学は，国公私立大学

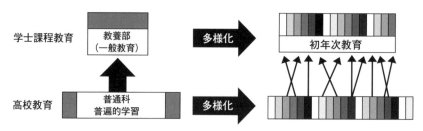

図9　普遍的な教育接続から限定的かつ複雑な教育接続へ

の 71.2％，531 大学に及ぶ。具体的な取り組み内容としては，「学力別のクラス分け」(51.5％)，「入学前の補習授業の実施」(40.3％)，「入学後の補習授業の実施」(36.3％)，「個別指導」(24.5％)，そして「既修・未修のクラス分け」(14.1％) と続く（文部科学省高等教育局大学振興課大学改革推進室 2017: 14）。

　ただし，高大の教育（学習）接続の多様化，複雑化は，単に基礎学力の問題だけでなく，先にも述べたが，大学進学の目的が明確でなかったり，入学しても学習意欲がわかなかったり，主体的な大学での学び方がわからなかったりする大学生が増加するという問題も引き起こす。

　そこで，この問題への対応として，高校から大学での学習への円滑な移行を支援する「初年次教育」が注目され，学士課程答申でもその重要性が指摘されたことは先に述べた。加えて，2017 年 4 月から学校教育法施行規則が改正され，卒業認定・学位授与の方針（ディプロマ・ポリシー），教育課程編成・実施の方針（カリキュラム・ポリシー），及び入学者受入れの方針（アドミッション・ポリシー）の策定及び公表が義務化された。義務化に伴い中央教育審議会大学分科会大学教育部会から策定と運用に関する「ガイドライン」が示された。その中で，カリキュラム・ポリシーの留意すべき事項として，「卒業認定・学位授与に求められる体系的な教育課程の構築に向けて，初年次教育，教養教育，専門教育，キャリア教育等の様々な観点から検討を行うこと。特に，初年次教育については，多様な入学者が自ら学修計画を立て，主体的な学びを実践できるようにする観点から充実を図ること」（傍点—引用者）と，多様化した高大接続状況における，初年次教育の役割を改めて指摘している。

　文部科学省の調査によれば，初年次教育を導入している大学は，2006 年度は全大学の約 70％（501 校）であったが，2015 年度には 96.6％（721 大学）となり，ほぼ全ての大学で提供されている（文部科学省高等教育局大学振興課大学改革推

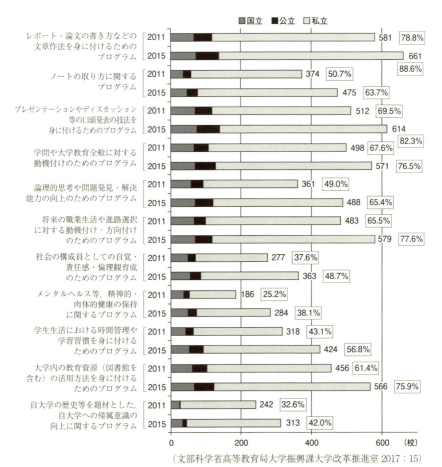

(文部科学省高等教育局大学振興課大学改革推進室 2017：15)
図10　初年次教育の具体的内容

進室 2017）。

　ただし，その具体的取り組み内容を見てみると，非常に多岐にわたる（図10）。「レポート・論文の書き方などの文章作法を身に付けるためのプログラム」「プレゼンテーションやディスカッション等の口頭発表の技法を身に付けるためのプログラム」「学問や大学教育全般に対する動機付けのためのプログラム」「大学内の教育資源（図書館を含む）の活用方法を身に付けるためのプログラム」「将来の職業生活や進路選択に対する動機付け・方向付けのためのプログラム」などは実施率が70％を超え，多くの大学で初年次教育の共通の取組内容とな

っている一方で,「メンタルヘルス等,精神的・肉体的健康の保持に関するプログラム」「自大学の歴史等を題材とした,自大学への帰属意識の向上に関するプログラム」などは,実施率が40％程度にとどまっており,必ずしも多くの大学の初年次教育で採用されているわけではない。

5 初年次教育の「共通性」と「多様性」

　このように,初年次教育が学士課程教育に制度化され,ほぼ全ての大学で導入され,多くの大学で共通する取組内容として「レポート・論文の書き方などの文章作法を身に付けるためのプログラム」「プレゼンテーションやディスカッション等の口頭発表の技法を身に付けるためのプログラム」「学問や大学教育全般に対する動機付けのためのプログラム」「大学内の教育資源(図書館を含む)の活用方法を身に付けるためのプログラム」「将来の職業生活や進路選択に対する動機付け・方向付けのためのプログラム」などが,いわば初年次教育の「コア」として提供されている一方,高大接続の多様化に伴い,各大学の状況に応じて,それぞれ固有の取組も多様化してきている。

　そこで,今後は,初年次教育の「コア」となっている具体的取組の有効性をデータに基づいてメタ検証するとともに,多様な取組についても「グッド・プラクティス」として同じような状況に置かれている大学間で共有することを通じて,我が国の初年次教育のさらなる質の保証・向上と,学士課程教育の質保証への初年次教育の貢献度を検証することが,初年次教育研究に課せられた次の課題となる。

注1)　ちなみに,2015年には723種類。そのうち,6割程度は当該大学のみで使用されている(中央教育審議会大学分科会将来構想部会 2017：42-43)。

[参考文献]
ベネッセ教育総合研究所 (2014)「高大接続に関する調査」https://berd.benesse.jp/up_images/research/2014_koudai_all.pdf (2018年2月1日閲覧)
中央教育審議会 (2008)「学士課程教育の構築に向けて(答申)」文部科学省
中央教育審議会初等中等教育分科会高等学校教育部会 (2014)「初等中等教育分科会高等学校教育部会

審議まとめ——高校教育の質の確保・向上に向けて」文部科学省
中央教育審議会大学分科会将来構想部会（2017）「今後の高等教育の将来像の提示に向けた論点整理」文部科学省
中央教育審議会大学分科会大学教育部会（2016）「「卒業認定・学位授与の方針」（ディプロマ・ポリシー），「教育課程編成・実施の方針」（カリキュラム・ポリシー）及び「入学者受入れの方針」（アドミッション・ポリシー）の策定及び運用に関するガイドライン」文部科学省
文部科学省（2011）「高等学校の多様化」http://www.mext.go.jp/b_menu/shingi/chukyo/chukyo3/047/siryo/__icsFiles/afieldfile/2011/12/15/1313846_04.pdf（2018年1月22日閲覧）
―――（2014）「高等学校教育の現状」http://www.mext.go.jp/b_menu/shingi/chukyo/chukyo3/047/siryo/__icsFiles/afieldfile/2014/03/17/1345098_05.pdf（2018年3月15日閲覧）
―――（2016a）「第7回　経済・財政一体改革推進委員会　教育，産業・雇用等ワーキング・グループ　我が国の高等教育の現状と今後の改革の方向性」http://www5.cao.go.jp/keizai-shimon/kaigi/special/reform/wg4/280826/shiryou2.pdf（2018年1月22日閲覧）
―――（2016b）「文部科学統計要覧（平成28年版）　6.高等学校」http://www.mext.go.jp/b_menu/toukei/002/002b/1368900.htm（2018年1月22日閲覧）
―――（2017）「高等教育の将来構想に関する基礎データ」http://www.mext.go.jp/b_menu/shingi/chukyo/chukyo4/gijiroku/__icsFiles/afieldfile/2017/04/13/1384455_02_1.pdf（2018年2月3日閲覧）
文部科学省高等教育局大学振興課大学改革推進室（2010）「大学における教育内容等の改革状況について（平成20年度）」http://www.mext.go.jp/a_menu/koutou/daigaku/04052801/__icsFiles/afieldfile/2010/05/26/1294057_1_1.pdf（2018年1月8日閲覧）
―――（2017）「平成27年度の大学における教育内容等の改革状況について（概要）」http://www.mext.go.jp/a_menu/koutou/daigaku/04052801/__icsFiles/afieldfile/2017/12/13/1398426_1.pdf（2018年1月15日閲覧）
山田泰造（2017）「大学入学者選抜にかかる最近の動向について」http://www.shigaku.or.jp/news/topics_pdf/021_docu_02.pdf（2018年1月18日閲覧）

＊　本章は，川嶋太津夫（2015）「高大の教育接続と初年次教育——初年次教育の多様性と標準性の相克」（『初年次教育学会誌』7（1），94-99）をもとに加筆修正したものである。

4章　高大接続改革と初年次教育

濱名　篤

1　高大接続改革の中での三つのポリシー

　中央教育審議会の「学士課程教育の構築に向けて（答申）」では「三つの方針」、すなわち学位授与の方針（ディプロマ・ポリシー、以下DPとする），教育課程編成・実施の方針（カリキュラム・ポリシー，以下CPとする），入学者受入の方針（アドミッション・ポリシー，以下APとする）に貫かれた教学経営が求められた（中央教育審議会 2008）。これらの方針の明確化，とりわけDPの明確化は，学習成果を可視化することに対する社会からの要請という，世界の趨勢を受けたものであることは確かであった。

　いわゆる高大接続答申では，三つのポリシーの一体的な策定を法令上位置付けることがはっきり明記された（中央教育審議会 2014：20）。また，大学全体としての共通の評価方針（アセスメント・ポリシー）を確立した上で，学生の学修履歴の記録や自己評価のためのシステムの開発，アセスメント・テストや学修行動調査等の具体的な学修成果の把握・評価方法の開発・実践，これらに基づく厳格な成績評価や卒業認定等を進めることが重要であると指摘された（中央教育審議会 2014：21）。

　初年次教育についての論及は，「高大接続の観点から，高等学校教育の質の確保・向上とアドミッション・ポリシーに基づく大学入学者選抜の確立の上に，その意義をもう一度見直すならば，初年次教育は，高等学校で身に付けるべき基礎学力の単なる補習とは一線を画すべきであり，高等学校教育から大学

における学修に移行するに当たって，大学における本格的な学修への導入，より能動的な学修に必要な方法の習得等を目的とするものとして捉えるべき」とされている（傍点―引用者，以下同じ）（中央教育審議会 2014：21）。また「大学初年次教育の展開・実践は，高等学校教育の成果を大学入学者選抜後の大学教育へとつなぐ，高大接続の観点から極めて重要な役割を果たすものであり，その質的転換を断行するには，高等学校教育，大学教育の新しい姿を確立するとともに，これらの教育で育成すべき力を円滑に接続するための研究開発が必要である」と述べられている。

　二つの答申を見ると，初年次教育の高大接続のための大学教育のプログラムとしての重要性が，この6年間で定着したことがうかがえる。それと同時に，高大接続のための研究開発の重要性がさらに高まってきていることも明確に指摘されている。

　文部科学省が作成した図1を見れば，初年次教育は高大接続改革の中で非常に重要な位置を占めていることがわかる。そこで求められているのはCPとAPを有機的に繋ぐ役割である。

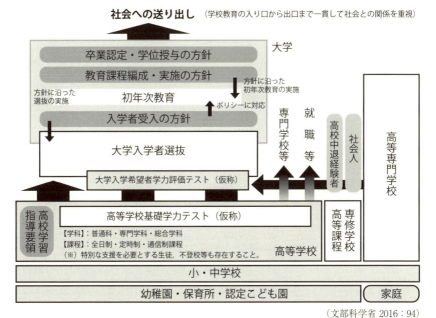

（文部科学省 2016：94）

図1　初等中等教育から大学教育までの一貫した接続イメージ（高大接続改革の全体像）

2 高大接続答申が個別大学に問いかけるもの

　高大接続答申は初年次教育の位置づけを明確にしただけではない。高等学校から大学への円滑な移行について，個別大学に対し大きくは二つのことを要請している（中央教育審議会 2014）。

入試の内容と方法

　第一は，入試の内容と方法の在り方についてである。暗記型学力に対する批判と，"1 点刻みの評価観" に基づく入試方法についての問い直しである。考えてみれば，100 点満点による評価という方式は，日本社会においては私立中学入試から大学入試までの期間においてのみ行われているといってよい。小学校までの学校教育，大学卒業後の企業等での採用試験，企業内での人事考課等において，業績評価や能力評価が 100 点満点で，1 点刻みで行われているということはほとんど存在しないといっても過言ではない。高大接続答申では，正解が一つしかなく，100 点満点で人間の能力や業績を評価できるという前提自体が問われているといってもよい。

　2020 年度から実施される「大学入学共通テスト」（「大学入学希望者学力評価テスト（仮称）」から改称。以下，共通テストとする）は，こうした課題を改善するものとなっていくことが期待されている。「高大接続システム改革会議「中間まとめ」」によれば，2024 年度までを「課題を解決するための期間」と位置づけており，入試の内容と方法の改革は容易ではないとみられていたが，2017 年度に実施公表された試行調査では，記述問題の一部に，"答が一つではない" のみならず，正答の数も示されない問題が出題されていることは，大きな変革の波が押し寄せることを予感させる。

　しかし高大接続答申では当初，この共通テストと共に，"学力の底抜け" 状態を改善するための「高等学校基礎学力テスト（仮称）」の実施が構想されていたが，これが「高校生のための学びの基礎診断」という形に姿を変え，大学入試で活用できなくなったことは，高大接続における基礎学力の多様化の進行に対する重要な仕組みの欠落を思わせる。"多面的な評価" として，①知識・技能の確実な習得，②（①を基にした）思考力，判断力，表現力，③主体性を持って多様な人々と協働して学ぶ態度，の学力の三要素を多面的に評価することは

大学にも求められているが，①の確実な習得を保証する仕組みは十分なのだろうか。

　文部科学省は，次期高等学校学習指導要領が適用される生徒が受験する2023年度以前の期間を「試行実施期間」と位置づけているなど，高大接続改革が進むには時間を要する。それまでの期間，個別大学がどのように入試の内容や方法に，そして新たな初年次教育の準備をしていくのかということは，難易度の高い課題となっている。

三つのポリシーとアセスメント・ポリシーの整備

　第二には，DP，CP，APの三つを整備することが義務づけられ，学位プログラムを単位として，到達目標，その達成のための内容と方法，それらの教育を受けるための要件を明確化させ，教育目標を達成できているかという学修成果の評価とその結果の可視化の在り方を個別大学に問うているという点である。学修成果の可視化という流れの中で，教育目標の達成可能性の測定をどのように行うかということと，大学がいかに教育目標の達成をしているのかの可視化が問われており，事後的な説明では不十分で，事前に明確化することが"間違いのない"高大接続のシステムとなると想定されている。

　こうしたポリシーづくりに際し，学力の三要素（「知識・技能」，「思考力・判断力・表現力」，「学習意欲」）が高大接続答申で特筆された。DP，CP，APの三つを整備することが義務化されるに際し，キーワードとされたのがこれら学力の三要素である。中央教育審議会高大接続特別部会での審議では，このキーワードは初中等教育と高等教育の教育目標をつなぐコンセプトとして考えられ，学校教育のいわば"背骨"になり得るものと見なされた。これらの三要素は，いわゆる学士課程答申での「学士力」や経済産業省の「社会人基礎力」，OECDのいうコンピテンシーなどの汎用的な力やスキルとも重複しており，新たな内容というよりは高大接続の概念共有のために用いられていると考えてよい。このような高大での概念の共通化によって，立場による学力（学修成果）観の違いを近づけることが期待される。

　DPが新たに設定されたとして，それだけで教育目標が達成できるわけではない。個別大学においては，目標達成のための手段（教育内容・方法）がとられているか，その手段を組織的に共有できるメカニズムや環境の整備（FD・SD，学習環境）が整えられているか等を定めたCPを整合的に定め，実際の教育が

展開されるのかが問われることになる。

　そしてDPやCPが整備され，それらの教育に耐えうる入学者受入のための条件や入試の内容や方法を定めたAPを定めても，個別大学の責任を十分果たしたとはいえない。

　掲げたポリシーが実際に実現できているかの評価の方針や在り方（アセスメント・ポリシー）を設定し，学修成果の可視化を行わなければならない。多くの大学において学生の学力・学習目標・学習動機・学習習慣などの多様性が増してきている中で，大学としての質保証を求められても，アセスメントの尺度や方法を明確にすることは十分できてはいない。厳密にアセスメントを行おうとすると，手数もかかり業務の煩雑化を気にする向きもある。

　しかし，個別大学が問われているのは，すべての学生に教育目標を完全に達成させること（学生個人の厳格な評価）よりも，大学が提供する学位プログラム（学部・学科単位）の教育目標がどこまで達成できているのか，どのようにそのアセスメントを行うのかということである。

　すなわち，①学生個人の評価（成績のみならず学修成果全般），②科目としての評価（科目が目標に沿った成果を収めているか），③学位プログラムとしての評価（学部・学科のDPが達成する教育が行われているか），④大学としての評価（学位プログラム毎の目標が妥当性を持って設定され，そのための教育が実際に行われ，結果が検証できるように大学として取り組めているか）というように，よりマクロなレベルでの質保証のための測定・検証が行われることが求められているのではないだろうか。①や②を徹底しようとすれば，すべての学生の評価を測定・検証していかなければならない。しかし，③や④の場合は，すべての学生の学修成果物までを評価対象にしなくても，サンプリングなどの方法で抽出された対象の評価によっても可能であろう。

　このように個別大学に求められているのは，自らが定めたポリシーに掲げる学修成果を達成できる可能性のある入学者を自らの責任で選考し，自らの目標としての学修成果の達成状況を大学の責任で，第三者から確認可能な可視化できる仕組みを確立することであるといえよう。

3 関西国際大学の初年次教育の歴史と現状

試行錯誤の初年次教育プログラム

それでは，個別大学の立場からこうした高大接続改革をどのように受けとめ，どのように対応するべきか。ここではまず筆者の所属する関西国際大学（以下，本学とする）の初年次教育の歴史を紹介し，現在の課題と高大接続改革の関係について整理していく。

表1は本学の開学以降の初年次教育を中心とした歴史をまとめたものである。

後発大学であった本学は，開学時から多様な学生を受け入れることになり，全国初の学習支援センターを設立し，そのセンターの一プログラムから発展した初年次教育に早くから取り組み，学習技術，ポートフォリオ，入学前プログラム，サービスラーニング等の様々な教育内容や教育方法を導入してきた。その過程は，一つの改善策を導入すればまた別の課題が発見されるというサイクルの繰り返しであった。このような状況は今日も続いている。

表1 関西国際大学における初年次教育関連史

1998年	関西国際大学（経営学部）開学　学習支援センター開設
1999年	本学初の初年次教育プログラムとして「講義の攻略法」「レポートの書き方」を開設
2001年	人間学部開設　ポートフォリオの導入　全学基本教育科目として「学習技術」を開設
2002年	「学習技術」の教科書『知へのステップ』（くろしお出版）を刊行
2004年	「大学のユニバーサル化と学習支援の取組」特色GP採択 ウォーミングアップ学習の開始
2006年	「初年次教育の総合化と学士課程教育への展開」特色GP採択 「KUIS学習ベンチマーク」制定 ※2012年「KUIS学修ベンチマーク」へ変更 eポートフォリオ・システムの開発に着手
2007年	eポートフォリオ・システムの本格運用を開始 学生メンター制度の導入
2008年	「初年次サービスラーニングの取組」教育GP採択 eポートフォリオ・システムのバージョンアップ 全学基本教育科目として「初年次サービスラーニング」を開設
2013年	全学基本教育科目として「初年次セミナー」を開設
2015年	「学期の主題」による科目統合化に着手（1年春：多様性理解，1年秋：論理的思考）。科目間連携による思考力・判断力・表現力の育成に着手
2016年	後期より学生自身が自らの学びを設計する「ラーニングルートマップ」の作成を開始（学生自身が1年末を目処に将来の進路を想定した学びの行程表を作成）

現在直面している課題

本学の初年次教育が現在，直面している課題を挙げると以下のようなものがある。

第一は，入学者のさらなる多様化に対応した"動機づけ"の強化と，学びや人生の"目的"への気づきをどう促進するかという"能動性"についての問題である。

第二には，人間科学部，教育学部に保健医療学部が加わり3学部5学科体制になり，これまでの全学共通を基本としてきた教育内容や方法に，学科単位の状況の違いを加味せざるを得なくなってきている点である。目的養成色の強い学科と教育課程の自由度の大きい学科の違いを考慮した初年次教育が必要となってきている。初年次教育としての"共通性"と専門分野への"カスタマイズ"要素をどのように組み合わせて学士課程教育を実践していくかということである。

第三には，学内・学科内・クラス内での学生の多様化が進行することによって，1種類の教育プログラムでの対応には限界がみられており，学生の背景や特性にあった学習支援や学生支援をいかにしていくかという"多様化への個別対応"の課題である。これには，学生への指導の窓口であるアドバイザーの役割が肥大化することへの対応も含まれる。

第四には，初年次教育と他の教育課程との連携の強化である。初年次教育以降の教育へどのように継承していくか（タテの連携）ということと，2年生以降の他の授業科目との連携・協同（ヨコの連携）をどのように構築していくかという課題である。

第五に，学生の学修成果への自信と自己効力感をどう実現していくかという課題である。これは初年次教育だけの課題とはいえないが，学生たちに何を身につけ，どのように成長したかをどのように実感させるかということは，学修成果への自己評価と達成感に関わる課題である。

まとめてみれば，学生の多様化の進行に対し，どのように組織的に対処し，それぞれの学生に応じた対応を実現して，自己効力感と学修成果を持たせる教育を実現するかということになろう。

これらの課題は三つのポリシーとの関係では，以下のように整理できる。

まずDPに関わる課題は，第一と第五の課題が相当する。社会から学修成果の可視化が強く求められる情勢の下で，大学としての教育目標を達成し，学び

の目的や動機が不明確な学生に対しても，目的意識を持たせ，大学生活を通じて自分自身に対する自信を持って卒業してもらうのかという，大学が果たす役割に関する課題である。

第二，第三，第四の課題は CP に関するものである。学生の多様化と学問分野や学科特性の多様化に直面する状況の中で，いかに共通性とそれぞれの特徴を両立させるのかが問われている。日本の高等教育では，半期に週1回の科目が多数を占め，学生が同時に10種類以上に及ぶ多数科目を履修し，学修内容の体系性や系統性を持ちにくいという特性があり，国家資格や免許等の養成課程を中心に，本学でも学生の学修を散漫にさせかねない状況となっている。そのために，教育課程の中にタテの連携（履修の順序性と繋がり）と，ヨコの連携（同じ学年・学期に併行して受講する科目間の繋がり）をどのように学生に実感させるのかが，大学としての課題になっている。

高大接続改革における三つのポリシーの明確化は，高校教育関係者や受験生にも理解可能な表現であることが求められ，DP のそれは測定・検証可能なものであることが必要になっていると考えている。本学においても，直面する課題を念頭に置きつつ，測定・検証が可能なポリシーづくりを行っている。

4　初年次教育と四つのポリシーとのこれからの関係

中央教育審議会の高大接続答申で重要性が指摘されている初年次教育は，学位プログラム全体をカバーするものではないが，その入口である。DP，CP，AP，そしてそれらの成果の測定についてのアセスメント・ポリシーを設定していく際に，どのようなことを考慮していく必要があるのだろうか。本学の例を挙げながら考えてみよう。

学生個人を対象とする評価

各学生が学修到達目標を達成しているか。また，達成していることを他者に示すことができるか。こうした評価を行うのには4年間継続的な評価の積み重ねをしていくことになる。学生たちの成長を評価していくためのスタートの時期にあたる初年次教育において重要なのは，スタート時の学生の個人の状況を的確に把握しておくことと，4年間を通じて行う学生個人の学修成果の把握を始めるということであろう。

前者については，入学時に入試区分，入試成績，高校調査書等のデータに加え，入学前プログラム「ウォーミングアップ学習」やフレッシュマンウィーク中に収集する，大学入試センターとの協働による数理的能力・言語運用能力のテスト結果，日本語運用能力，英語のプレースメントテスト結果等を学生個人別に保存し，5月末に実施する中間調査（出欠状況，課題提出等の平常学習），6月に行う「学生適応調査（学修行動調査）」の結果を加えて個人のパネル基礎データを作成している。

その後，9月の秋学期前のガイダンス時（3月末と年2回）に設定した「リフレクション・デイ」において，成績表，前学期に受講した科目のレポートやテストの採点結果を学生に返却し，前学期のふり返り（何ができて何ができていないのか）を行う。その後に，全学共通の教育目標をルーブリック形式にしたKUIS学修ベンチマークで学生が自己評価するベンチマークチェックを行う。それらの結果はeポートフォリオ上に記録する。日頃の授業でベンチマーク（目標）を自覚することが重要であるが，"ふり返り"をした上で，次学期の目標と計画の設定を行う習慣は，初年次教育を通じて形成され実践されていく。さらに昨年より，学生の自己評価をさせるだけではなく，アドバイザーとの面談を通じて，エビデンスの提示や自己評価の妥当性についてのチューニングを始めている。

こうした個人の成長や達成度の評価について，集計できるものは学部・学科単位や全学の評価に用いることもあるが，第一義的には学生個人の評価・点検のためのものである。初年次教育はこうした学修成果の評価についてきわめて重要な役割を果たしており，KUIS学修ベンチマークについての基本的理解を含む自校教育の実践，学修目標の設定，学習や生活の記録をもとにした自己評価の実践，アドバイザーとの面談を通じての評価の妥当性についてのチューニング等，学生自身が自らを評価していく基礎づくりを学び実践する機会を提供している。

授業科目を対象とする評価（科目担当者）

初年次教育には，中退率の抑制，大学への適応促進，大学への満足度の上昇，ライティング等の学習技術の向上といった即効性のある効果が期待されていることは間違いない。これらの効果が初年次教育を導入する理由となっている事例は少なくない。また実際にその効果があるからこそ普及してきた。

本学においても，こうした授業科目の効果については継続的に追跡している。しかし，本学においては，それだけでは学位プログラムとしての目標達成に対する期待が完全に充たされるわけではない。本学では，各授業科目について，学問的な見地と KUIS 学修ベンチマークの項目の中から学修到達目標を設定している。教員は目標達成のための学習内容・教育方法を採用し，達成状況を測定できる評価方法（課題等含む）を設定することが求められる。それらが採用されているかについては，高等教育研究開発センターがシラバスの確認を行い，問題を発見した場合には修正を求めている。

学期中には，授業評価の中間アンケートを実施し，教員自身の気づきを学生たちにフィードバックして期中改善が行われるようにしており，期末には，成績評価終了後に，担当科目の評価を実施して，達成度の低い目標はなんであったか，教育方法，課題は適切だったか等について評価・改善材料を教員にフィードバックしている。

大学および学位プログラム（学部・学科）を対象とする評価

大学および学位プログラムが掲げる学修到達目標（教育目標）が達成されているか。また，達成されるカリキュラムになっているかという評価は，現在の高大接続改革で最も重視されている評価であろう。

本学では，共通目標である学生のベンチマークチェックを集計し，その結果から全学的に学修成果を評価する仕組みになっている。大学全体あるいは学科別の達成状況を把握し，汎用的な能力・スキル・態度特性の修得状況を確認する。

初年次教育だけの評価を行うのではないが，達成度の低い目標項目の要因分析を行い，ベンチマークに掲げる目標を達成するために有効な教育活動はどのようなものか，それらの機会が十分であるか，目標レベルが高すぎないかといった，教育改善のための施策づくりに評価結果を活用する。また，ある目標項目のレベルが上昇した学生とそうでない学生との比較行動調査，各種テスト等を活用し，IR 部門が執行部に報告，提言などを行っている。

このように初年次教育の評価は，授業科目としての評価だけではなく，学生個人を追跡するパネルデータの収集，個人評価から学位プログラム評価までの評価の方法理解や習慣づけにとって重要な役割を果たしているといえる。

5 初年次教育はさらなる多様化にどう対応していくか

　私見ではあるが，日本は初年次教育の最先進国のひとつであるととらえている。その理由としては，①普及率ではアメリカと肩を並べる（濱名 2012），②大学中退率が OECD 諸国の中で最も低くても普及してきた，③初年次教育を「必修」として導入する大学が多く，必修とする大学の比率はアメリカより高い，④テニュアを持たない教員や職員が担当者となっているケースの多いアメリカと異なり，専任教員が中心的な担い手となっている，⑤学士課程答申や今回の高大接続答申のように，中央教育審議会答申の中で初年次教育の重要性や役割が明記され，国の高等教育政策に明確に位置づけられている，⑥初年次教育について学会組織を持つ唯一の国，といった6点があげられる（濱名 2013）。本学会会員数の増加が継続していることは，日本の高等教育における初年次教育への期待の表れかもしれない。

　ところで，高等教育財政の劣勢と人口減で疲弊する多くの大学にとって，これからの初年次教育への新たな期待としてどのようなことが考えられるのであろうか。筆者は，高等教育の多様化が一層進むのではないかと予想している。文部科学省の 2015 年度以降の大学間連携推進事業の募集要項をみると，首都圏，関西圏，中部圏の三大都市圏とそれ以外の"地方"を明確に区別していたが，中央教育審議会の大学分科会将来構想部会が現在審議している中では，首都圏とそれ以外の地域の議論へとさらに焦点が絞られてきている。また，大規模大学とそれ以外の中小規模校の定員超過率の上限規制についても差異がつけられ，市場有利性を持つ大学とそうでない大学の格差が懸念されている。

　筆者の地域・規模別にみた大学の定員充足・消費収支状況についての分析結果でいえば，立地地域以上に大学の収容定員規模の大小による定員充足率の格差は深刻な状態にある（『日本経済新聞』2015 年 6 月 1 日朝刊）。つまり，同じ大学といっても，大学ごとに直面する課題の内容や高大接続に関する課題に大きな違いが出てきており，大学間の違い，同じ学内においての多様化がさらに進行していく可能性が高い。そうなれば，大学としての目標・特徴の明確化と学修成果の可視化を行わなければ，ますます高大接続に関わる多様化に対応する課題は大きくなりかねない。

　これからの初年次教育は，高大接続改革に伴う期待感が拡大していくという

追い風がある一方で，個別の大学，学部・学科の性格，多様な学生に応じた多様性に対応すること，教育プログラムとしての有効性を評価基準・方法を明確にしながら可視化することが求められるという，大きく分ければ二つの困難な課題に取り組んでいかなければならない。

　そうした状況にあっては，初年次教育学会としての研究開発や方法・評価についての共有が一層求められることになろう。教育内容，アクティブラーニングをはじめとする教育方法，多様な学生に対する学修支援，学修評価，など様々な側面で固有のディシプリンを持たない初年次教育という教育プログラムは，そのための大学院も後継者育成のメカニズムも自然には持ち得ない。それを実現し，持続可能な教育プログラムとしていくために，世界で唯一学会組織を作り上げた日本の初年次教育学会がこれから果たしていく役割は大きい。

[参考文献]

中央教育審議会（2008）「学士課程教育の構築に向けて（答申）」文部科学省
―――（2012）「新たな未来を築くための大学教育の質的転換に向けて――生涯学び続け，主体的に考える力を育成する大学へ（答申）」文部科学省
―――（2014）「新しい時代にふさわしい高大接続の実現に向けた高等学校教育，大学教育，大学入学者選抜の一体的改革について――すべての若者が夢や目標を芽吹かせ，未来に花開かせるために（答申）」文部科学省
中央教育審議会大学分科会制度・教育部会（2008）「学士課程教育の構築に向けて（審議のまとめ）」文部科学省
濱名篤（2012）「初年次教育の効果を考える――アメリカと日本の現状」『IDE――現代の高等教育』539，50-55.
―――（2013）「初年次教育の国際的動向――内容・方法と評価」初年次教育学会（編）『初年次教育の現状と未来』世界思想社，pp. 55-66.
―――（2016）「高大接続改革に対応した入試と初年次教育へ――関西国際大学の事例を踏まえ」『初年次教育学会誌』8（1），129-138.
高大接続システム改革会議（2015）「高大接続システム改革会議「中間まとめ」」http://www.mext.go.jp/b_menu/shingi/chousa/shougai/033/toushin/__icsFiles/afieldfile/2015/09/15/1362096_01_2_1.pdf（2018年6月25日閲覧）
文部科学省（2016）「全国的な学力調査に関する専門家会議（平成27年6月24日〜）（第8回）　配付資料2-2」http://www.mext.go.jp/b_menu/shingi/chousa/shotou/112/shiryo/__icsFiles/afieldfile/2016/06/06/1371754_7.pdf（2018年4月9日閲覧）

＊　本章は，濱名篤（2016）「高大接続改革に対応した入試と初年次教育へ――関西国際大学の事例を踏まえ」（『初年次教育学会誌』8（1），129-138）をもとに加筆修正したものである。

5章　米国の高大接続から見た日本の課題

山田礼子

1　高大接続改革の動向

　大学入学者選抜改革では、「大学入学共通テスト」を導入し、国語および数学については記述式問題で思考力・判断力・表現力を、英語については「聞く」「読む」「話す」「書く」という四技能を、評価するための実施方針などが決定した。それに伴い、個別大学の入学者選抜の改革が進展しつつある。
　大学教育改革については、ディプロマ・ポリシー、カリキュラム・ポリシー、アドミッション・ポリシーの「三つの方針」の策定・公表が、学校教育法施行規則の改正によって各大学に義務づけられ、2017年4月から実施されている。このように、高校と大学を入試面だけでなく、教育方法・教育の目標等を接続するという意味での高大接続が進展するなど、新しい局面が見られるようになり、その具体的なスケジュールも公表された（文部科学省2017b）。
　日本における高校と大学の高大接続は、オープンキャンパス、体験授業、高校出張授業などが代表的であった頃と比較すると、教育目標、教育方法、評価などを含めた米国型の高大接続に近くなった印象を受ける。米国の大学においても高大連携や接続は活発である。その中でも、教育制度上での高大接続、そして実際の中身である教育プログラムという視点から米国で運営されてきた、高校において大学の一般教育レベルの授業を履修することができるAP (Advanced Placement) プログラムが、特徴的な高大接続、言い換えれば「教育接続」として存在している。

これまでも，教育方法や教授法を意味するペダゴジーといった視点から日本の大学と高校との教育接続の状況を把握する様々な試みがなされてきた。たとえば，大学での学習を円滑に進めていくうえで不可欠な「レポートの書き方」「論理的思考力や問題発見・解決能力」「図書館の活用方法」「口頭での発表技法」等については，高校と大学の間の共通の目標や方法が共有されているとはいえないという見方が前提にあった。入試だけでは解決できない教育接続の問題をどう捉えるべきかという視点が，重要であるとされた。その結果として初年次教育が普遍化してきたともみることができる。

高大接続三位一体改革が緒に就いた今後は，高校と大学での学習の転換を支援するという意味を持つ「初年次教育」が，どのような形で初年次生の「大学への円滑な移行」を支援する，あるいは充実させるかは，現時点では明確であるとはいえないかもしれない。いずれにしても大学と高校が連携して，高校卒業までに到達すべき学力水準や目標を設定することにより，大学での学習の備えになる仕組みは今後も必要だろう。いわゆる Kinder から高等教育までをカバーする「K16」という概念も，新しい高大接続の枠組みである。「K16」は初等教育から大学まで，児童，生徒，学生が身につけるべき教育の内容には一貫性があるという認識を基盤にしている。

「K16」という枠組みの象徴ともいえる米国の AP プログラムからどのような示唆が日本の高大接続という課題に得られるのか。本章では米国における教育接続制度である AP プログラムを起点として高大接続について考察し，次に日本の学生調査データから新入生の高校時代の経験と大学での状況を分析する。そのうえで，今後の日本における高大接続改革が向かう方向を踏まえ，次世代の高大接続についても考察する。

2 高大接続をめぐる先行研究

高大接続は，入試選抜と高校時代の学習や生活行動を包摂する「生徒文化」という先行研究から論点を抽出することができる。本章では，高大接続の定義を入試選抜，教育全般，学生の発達と幅広く捉え，教育接続は，教育制度，カリキュラム，教育方法，内容面としてより限定的に捉える。

荒井克弘は，米国の入学適性試験として長く機能してきたSAT（大学進学適性試験）やACT（American College Test）が，大衆化した高等教育に対処するた

めに「大学での学習に必要となる能力」を測定するための試験内容に改革してきていること，かつ出口段階の学力をチェックする機能が充実してきていることに注目している。そのうえで，米国の動向を合わせ鏡として，日本においても，入試選抜から，教育接続のシステムへの転換を意図した政策転換の必要性を論じている（荒井・橋本 2005）。

　高校における生徒文化というアプローチでは，武内清（2005, 2008, 2010）の研究が嚆矢といえる。生徒文化が学生文化に接続するという論点から，谷田川ルミ（2009）は，高校時代に「読書」や「受験勉強」といった勉学中心の活動，「ボランティア」といった奉仕活動に打ち込んだ学生がより（授業に前向きにとりくむという）「向授業」にプラスの効果を示していると指摘している。

　「大学が学生に与える影響」という意味を持つ「カレッジ・インパクト」の視点からのアプローチも教育接続を検証するうえで示唆となる。

　杉谷祐美子（2009）は進学理由や大学での充実度等を指標とし，学生をポジティブ学生とネガティブ学生に類型化した[注1]。第一志望校進学者はポジティブ学生に多く，ネガティブ学生は第一志望校以外への進学者に多い傾向がある。また，入学難易度の高い大学ではポジティブな学生が占める率がやや高い傾向が見られるが，比較的難易度の高い大学でも，一定数のネガティブな学生も存在している。入試形態別には，指定校推薦者や内部進学者においてポジティブな学生の率がやや高いといった傾向も確認された。

　一連の学生研究の中で，進学理由に関して自己決定力の強い学生，そして反対に，他者決定力の強い学生がそれぞれどのような大学での経験を経て，結果としてポジティブ学生あるいはネガティブ学生になっていくかの過程を検討した結果，自己決定型の学生はポジティブに学生生活を送り，また，ポジティブな学生は経験を大学での適応に結び付けられる傾向が高いことが判明した（山田 2009）。大学での学習や経験などに前向きにとりくむ「向大学生活」という点で，自己決定型進路選択が，高大接続に影響を及ぼしていることは看過できない。教育接続を円滑に進捗させるためには，中等教育とりわけ高校時代の経験や学習・生活行動が大学での学習や経験に及ぼすインパクトを把握する必要があることを一連の研究は提示しているといえよう。

3　教育接続としての米国の高大接続

　米国の教育接続を前提とした高大連携プログラムは，長い歴史を持つ。米国国内のみならず，現在では国境を越えて普及しつつある AP プログラムとエクステンション・プログラム (Extension Program) で主に実施されている。そのエクステンション・プログラムの中でしばしば実施されるプログラムに，高校生を対象としたコンカレント・プログラム (Concurrent Program) もあるが，ここでは主に AP プログラムに焦点を当てて，高大連携とは何かという視点から分析する。

　AP プログラムとは，ハイスクールの生徒に大学レベルの授業を受ける機会を与え，授業終了後に年に一度実施される AP テストの結果に基づいて，大学入学後に単位を認定するという制度である。非営利団体であるカレッジ・ボードが運営し，TOEFL などを実施している ETS (Educational Testing Service) が AP テストを作成している。1952 年に開始され，現在アメリカ国内の高校および世界 24 カ国の高校で利用されている。

　AP プログラムは，高校在学中に受講することから，通常は高校に AP 科目が設置され，カレッジ・ボードで AP 科目の研修を受けた高校教師が AP 科目を教える。AP コースが設置されていない高校の生徒も，個人学習によって AP テストを受けることが可能である。また，モティベーションの高い高校生なら誰でもアクセスができるというこの制度を通じて，高校に通学せずにホームスクーリングを受けている若者も，AP 科目を受講し，試験を受けられる。

　2013 年の AP 科目受験者数は 100 万人を超え，2003 年からの 10 年間で 48 万 9000 人程の増加となっている。その中でも，低所得家庭出身受験者数は 21 万人以上も増加しており，低成績結果者数および好成績のいずれの層も増加している[注2)]。低所得家庭出身者の増加の背景には，州等が積極的に低所得家庭への支援を行っていることが影響している。カレッジ・ボードのホームページ情報によれば，受験者の平均受験科目数は 1 科目 55％，2 科目 25％ であり，少数の AP 科目を厳選して高校生が受験していると見ることができよう。

　AP プログラムは，米国の高大接続の代表的事例であり，高校生が早期から大学レベルの学習を経験することにより，モティベーションを上げ，大学での学習に円滑に移行するという効果を持っていると一般的には受け止められてい

る。サドラーとタイは，高校時代に，論理構成から分析等に象徴される大学での根幹となる学習の過程にかかわることで，大学での学習への前向きな関わりや関与を意味するインボルブメントやエンゲージメントに向けての良いスタートを切ることができ，結果として高いGPA（Grade Point Average）につながるとの知見を示している。大学側としても，高校時代にAP科目を履修していることを入学志願段階で把握することにより，大学での学習への適性を確認でき，大学に適応する可能性の高い学生を確保することにつながる（Sadler & Tai 2007）。その結果，在留率を意味するリテンション率[注3]や卒業率の改善にも結び付く可能性が高い。

APプログラムは，本来優秀な生徒に早期から大学レベルの科目を履修させることで大学への適応を支援するいわばエリート教育の一類型であったが，最近では大学進学を希望する生徒は誰もがアクセスできるようなプログラムに変容してきている。さらには，従来，APコースは高校の最終学年を対象にしていたが，対象学年が拡大する傾向にあり，事実，高校低学年次生徒の履修率が全履修生徒の5割程度を占めている。また，マイノリティ学生の動機付けプログラムとして促進させようとしている州も出現している。大学がどこまでAPプログラムの単位を認めるかという点でも，大学によっては単位制限をしているところもあるなど多様である。米国の高校では，AP科目を複数履修する生徒の比率はそれほど高くない。

APプログラムの展開と普及には，高大接続といった点から見れば，どこまでが高校（中等）教育であり，どこからが大学教育であるのかが不透明になる危険性を伴っているが，高校の教師がAP科目を教えるという点に高大接続の意味があるのも事実である。アクティブラーニングを主体とする教授法が取り入れられている米国の中等教育であるからこそ，大学での低学年次科目との共通性がある程度見られる理系科目だけでなく，人文・社会科学系科目での高大接続が可能となり，高校教師と大学教員が教授法や科目が目標とする成果を共有することもできる。

米国の教育接続の根底には，初等・中等教育との教育接続を「K12」から「K16」という枠組みで捉えるという概念が存在している。初等・中等教育の教育目標と成果をシームレスな「K12」という枠で捉えていたが，現在では高等教育も含めて「K16」という枠組みへと拡大している。それゆえ，「論理的思考の醸成」「問題発見」「解決力の育成」が「K16」の共通の到達目標として

挙げられ，「ディスカッション」「プレゼンテーション」等の教育方法も初等・中等教育・高等教育を通じて共通して導入することが容易となる。

4 高大接続の基本情報となる新入生のプロフィール

米国の教育接続の象徴ともいえる AP 制度を機能させる「K16」という枠組みの存在を提示したが，それでは日本では教育接続が実際に行われているのかについて，本節ではデータから実証的に検証してみる。先行研究の知見として山田・杉谷等が分析した大学生調査結果を提示したが，ベースとなったデータは，主に大学 2 年生〜3 年生を対象とした大学生調査（JCSS）であり，高校時代の学習行動，経験と大学での経験の接続を意識した調査項目から構成されておらず，分析上限界がある。ここでは，ジェイ・サープ（日本版学生調査）データの中から，JFS（新入生調査）2008（国立 3713 名，公立 1078 名，私立 14870 名の計 19661 名）と JFS2013（国立 4497 名，公立 940 名，私立 10082 名の計 15519 名）を使用する。

2008 年データでは，補習授業経験については，英語の補習授業を受講している学生の比率が最も高く，高校時代の指導に従順であった学生がいずれの科目においても補習授業を受講する比率が高いという結果が見られる。

2008 年と 2013 年の新入生の高校時代の活動時間について，1 週間当たり 1）授業外学習時間，2）趣味としての読書時間，3）ネット上での友人との交流時間について比較してみた。図 1 に示しているように学習時間には若干の増加傾向が見られる。一方，「読書に時間を割いていない」高校生の比率が 2008 年データでは，40.8% であったのに対し，2013 年では 47.6% に増加している。ネット交流時間については，2008 年データでは 3 時間から 20 時間以上を合計した比率が 7.5% であったのに対し，2013 年データでは 21.3% にまで上昇しているなど，新入生の高校時代の時間の使い方の変化は顕著である。読書を学生文化

図1　高校時代の授業外学習時間（%）

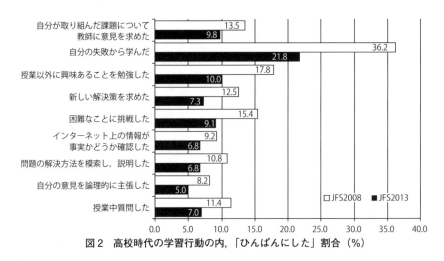

図2 高校時代の学習行動の内,「ひんぱんにした」割合（％）

の前提として捉えてきた見方の修正あるいはネット依存が新たな大学生の課題となる可能性などについても将来的には検討する必要がある。

図2には，9項目の高校時代の学習行動について「ひんぱんにした」比率の2008年と2013年との比較結果を示している。全ての項目について，2008年の新入生の方が「ひんぱんにした」と回答している比率が高い。特に，「自分の失敗から学んだ」「授業以外に興味あることを勉強した」「困難なことに挑戦した」の3項目について，2013年で「ひんぱんにした」と回答している比率の減少が目立っている。2008年新入生よりも学習行動が消極的になっている2013年新入生像が浮かび上がっている。

それでは新入生はどのようなタイプに分類できるのだろうか。自分の能力・スキルおよび行動特性の2013ジェイ・サープデータの自己評価20項目をもとに主成分分析とその因子得点によるクラスター分析を行い，図3に示しているように5つの学生タイプを抽出した[注4]。

分類されているタイプの特徴を見てみると，タイプ1は表現スキル特性に相対的に自信がなく，3133人（21%）がこのタイプ1に該当する。しかし，大学での授業を通じてプレゼンテーションや文章表現スキルを習得すれば自信を獲得する可能性があるだろう。

タイプ2は表現スキル特性のみ相対的に自信を持つが，認知面，行動面を同世代の学生と比較した際に自分に自信を持っていない学生タイプであり，共感性もそれほど高くないが，4365人（29.3%）と最も多い。タイプ3は「共感的

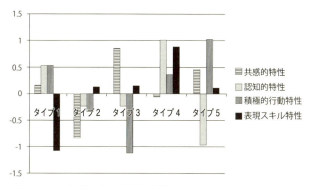

図3　2013年新入生の自己肯定評価によるクラスター分析結果

特性」と「表現スキル特性」が高く，他のタイプと比較しても「共感的特性」の得点が特別高いことから，人間関係を構築することに自信を持っているタイプと見受けられる。2452人（16.5％）がこのタイプに該当する。

　タイプ4は「認知的特性」「積極的行動特性」「表現スキル特性」の3特性が高く，若干「共感的特性」が相対的に低い。表現力にもすぐれ，認知面にも自信を持ち，積極的に行動するが，若干他人への共感性に疎い学生タイプと見られ，2373人（15.9％）がこのタイプである。タイプ5は「認知的特性」得点が低いことから，表現力もあり，積極的に行動し，人間関係を構築することが得意であるが，学力に相対的に自信がない学生タイプであるといえる。2556人（17.2％）がこのタイプに該当する。

　ただし，因子得点による分析結果であることから，低い得点は参加者全体での相対的な低さを示し，いずれの項目についても自信をまったく持っていないことを意味しているのではないことに留意したい。

　専攻分野によって学生タイプの多寡に差異が見られるだろうか。図4には専攻分野別による学生タイプの分類結果を示している。いずれの分野においても，表現スキル特性のみ相対的に自信を持ち，他の特性には自信のないタイプ2が多い傾向が見られるが，一方で医療系とSTEM（理工農生）系には，表現スキル特性に相対的に自信がないタイプ1型学生が他分野に比べると若干多い傾向が見られ，レポートや文章による表現スキルを他分野ほど必要としない領域の特性が反映されているのではないだろうか。一方，社会科学系と人文系では表現スキル特性に相対的に自信がない学生のタイプは他の専攻分野と比較すると相対的に少なく，レポートや文章表現スキルが必要とされる領域の特性が反映

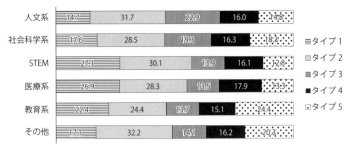

図4　新入生の学生タイプと専攻別分類（％）

されているともみてとれる。

5　次世代教育接続に向けての日本の課題と示唆

　それでは新入生の現状とプロフィールを視野にいれて，教育接続を展開していくにはどのような方向性が考えられるだろうか。現在の高大接続三位一体改革が進展し，高校と大学での教育目標，教育方法の共通部分が増えるには多少の時間がかかるであろうが，基本的には教育方法や教授法における教育接続を機能させることが，「K16」という枠組みで初等，中等，高等教育を捉えることと同義でもあり，現在の方向性であることは明確である。事実，三位一体改革が定着するにつれて，新入生のプロフィールもかなり変化すると予想できる。

　ただ，教育接続は，学力にのみ焦点を当てるだけでは，決して機能するとはいえないことも新入生の高校時代の学習行動の分析から明らかになった。学習に前向きに取り組み，大学での学びや生活に積極的に関与するには，自己認識を確立し，自己肯定感を持つこととの関係性が深い。山田が実施した日米の初年次教育調査結果からも，日本の大学が米国の大学よりも「学問や大学教育全般に対する動機づけ」や「学生の自信・自己肯定感」の重視度が高いことが示されていたが（山田 2012），学生の発達研究の蓄積が情緒面と認知面の成果に相互関係性が存在することを解明してきた米国のカレッジ・インパクト研究の系譜に見られるように，今後は教育接続を発達志向的アプローチから検討することもひとつの方向性であろう。

　米国で教育接続の制度として導入されている AP プログラムは，現在では少数のエリートのための教育というよりは，ユニバーサル化した高等教育という

状況に，早期から高校生の動機付けを図り，自己肯定感を醸成することで大学の学習への適応を円滑に促進するという目的の方がより強い。しかし，米国の「K16」という枠組みは，日本の中等教育と高等教育との接続という問題を振り返りながら改善していくうえで，参考になる点も少なくない。教育接続の第一歩としての意味を持つ三位一体改革が進展しつつある今，次のステップとして，導入されるまでには時間もかかるが，日本版 AP 制度，入学前教育の充実そして初年次教育という 3 つの教育制度・プログラムの連携を視野にいれることも重要ではないかと思われる。

注1) 「学生生活は充実しているか」「大学での経験全般について満足しているか」「大学を選び直せたらもう一度本学に進学するか」という 3 項目のうちの肯定的回答数が 2 項目以上の者を「ポジティブ学生」とし，1 項目以下の者を「ネガティブ学生」とした。
注2) カレッジ・ボード 2013 年報告書情報を参考にした。
注3) アメリカでのリテンション率は，一般的には 1 年次から 2 年次の在留率を示している。
注4) バリマックス回転による主成分分析をした結果（因子負荷量 420 以上，累積寄与率 53.89％），4 因子を抽出し，それぞれを「共感的特性」「認知的特性」「積極的行動特性」「表現スキル特性」と命名した。各因子得点を用いたクラスター分析は Ward 法である。

[参考文献]
荒井克弘・橋本昭彦（2005）『高校と大学の接続――入試選抜から教育接続へ』玉川大学出版部
College Board ホームページ http://apcentral.collegeboard.com/home （2017 年 9 月 3 日閲覧）
文部科学省（2017a）「高大接続改革の進捗状況について 1」http://www.mext.go.jp/b_menu/houdou/29/05/__icsFiles/afieldfile/2017/05/16/1385793_01.pdf （2017 年 10 月 30 日閲覧）
――――（2017b）「高大接続改革の推進・検討体制」http://www.mext.go.jp/b_menu/houdou/29/05/__icsFiles/afieldfile/2017/05/16/1385793_03.pdf （2017 年 10 月 30 日閲覧）
Sadler, P. M. & Tai, R. H. (2007) "Advanced Placement Exam Scores as a Predictor of Performance in Introductory College Biology, Chemistry and Physics Courses", *Science Educator*, 16 (1), 1-19.
杉谷祐美子（2009）「入学後の経験と教育効果の学生間比較」山田礼子（編）『大学教育を科学する――学生の教育評価の国際比較』東信堂，pp. 63-83.
武内清（編）（2005）『学生のキャンパスライフの実証的研究――21 大学・学生調査の分析』平成 16 ～ 18 年度科学研究費補助金基盤研究（B）研究成果報告書
――――（2008）「学生文化の実態と大学教育」『高等教育研究』11，7-23.
――――（2010）『大学の「教育力」育成に関する実証的研究――学生のキャンパスライフからの考

察』平成 19 〜 21 年度科学研究費補助金基盤研究（B）研究成果報告書

山田礼子（2009）「日本版学生調査による大学間比較」山田礼子（編）『大学教育を科学する——学生の教育評価の国際比較』東信堂，pp. 41-62.

——— （2012）「大学における初年次教育の展開——米国と日本」『学士課程教育の質保証へむけて——学生調査と初年次教育からみえてきたもの』東信堂，pp. 140-158.

——— （2015）「日本における高大接続の課題——米国 AP から見る教育接続」『初年次教育学会誌』7（1），107-115.

谷田川ルミ（2009）「大学生の「向授業」を規定する要因」武内清（編）『キャンパスライフと大学の教育力——14 大学・学生調査の分析』平成 19 〜 21 年度科学研究費補助金基盤研究（B）研究成果報告書，pp. 47-56.

＊ 本章は，山田礼子（2015）「日本における高大接続の課題——米国 AP から見る教育接続」（『初年次教育学会誌』7（1），107-115）をもとに加筆修正したものである。

大学現場における
初年次教育プログラム

第2部

6章　内蔵型の初年次教育
――カリキュラムに初年次教育をいかに組み込むか

岩井　洋

1　カリキュラムにおける連携・接続

三つの接続問題

　大学教育には，解決すべき三つの「接続問題」がある。第一は高校と大学の接続問題であり，第二は大学と社会の接続問題である。そして最後は，カリキュラムにおける科目間あるいはプログラム間の連携・接続の問題である。

　第一の接続問題は，「高大接続」という呼び方で語られることが多い。「接続」というからには，高校と大学の教育が断絶しているという認識が背景にある。現在，2015年に策定された文部科学省の「高大接続改革実行プラン」にもとづき，いわゆる「高大接続改革」が推進されている。この改革は，高等学校教育改革，大学教育改革，大学入学者選抜改革の三つからなる。高校教育では「学力の三要素」，すなわち，①知識・技能の確実な習得，②（①をもとにした）思考力，判断力，表現力，③主体性をもって多様な人々と協働して学ぶ態度，を育成し，大学教育では，これらをさらに向上・発展させて学生を社会に送りだす，という図式である。さらに，高校と大学をつなぎ，高校教育を改革するためのいわば「圧力」として機能することを期待されているのが入試改革である。

　今後は，このような高大接続改革を視野に入れながら，学習者の高校から大学への円滑な移行を組織的に支援する取組の総体を初年次教育としてとらえる必要がある。

第二の接続問題（大学と社会の接続問題）については，「キャリア教育」という枠組で対応する大学が多い。文部科学省は，「キャリア教育」を「一人一人の社会的・職業的自立に向け，必要な基盤となる能力や態度を育てることを通して，キャリア発達を促す教育」と定義している。さらに「キャリア発達」については，「社会の中で自分の役割を果たしながら，自分らしい生き方を実現していく過程」をさすという（中央教育審議会 2011）。これをみると，キャリア教育は長い人生における生き方に関わるものと考えられるが，職業観・勤労観，職業に関する知識や技能の育成をうたいながらも，実際には，就職活動に役立つ教育を「キャリア教育」としておこなわざるをえない現実がある。それは，高校生，保護者，高校教員や社会が大学を評価する際，就職内定率や就職状況を重要な指標として考えているからである。

　さて，第三の接続問題，すなわちカリキュラムにおける科目間あるいはプログラム間の連携・接続の問題は，まえの二つの接続問題とくらべて，あまり論じられることがない。2017 年 4 月から，すべての大学に対して，「三つのポリシー」（ディプロマ・ポリシー，カリキュラム・ポリシー，アドミッション・ポリシー）の策定・公表が義務づけられた。これにしたがえば，学位授与の方針を達成するための教育課程編成・実施の方針が明確になっていなければならない。そのためには，カリキュラム全体の構成・構造や科目どうしの関連性が明確になっていなければならない。これらを担保するものが，カリキュラム・マップ（以下，マップとする）やカリキュラム・ツリー（以下，ツリーとする）である。しかし，マップやツリーを明確に意識した授業展開をしている大学が多いかというと，かなり疑問である。

　そこで本章では，初年次教育に限定して，第三の接続問題について論じる。そして，カリキュラムに初年次教育をいかに組み込むかについて，「内蔵型」という用語を使い，初年次教育のありかたを提示する。

「外付型」と「内蔵型」の初年次教育

　初年次教育の考え方や理念が日本の大学に浸透している現在でも，どの範囲までを初年次教育と認識するかについては，大学によってかなりのばらつきがある。その結果，一年次に開講される特定の科目を「初年次教育科目」とよぶ大学もある。たしかに，このようなネーミングを使って特定の科目群を際立たせることで，大学が初年次教育に積極的に取り組んでいるというアピールにな

る。しかし重要なのは，学士課程教育において，複数の科目やプログラムがいかに連携して初年次教育の理念を実現しているかであり，特定の科目群にその役割を担わせるかどうかについては検討の余地がある。このような科目間あるいはプログラム間の連携・接続の問題は，前述のように，ディプロマ・ポリシーに関連づけられたカリキュラム・ポリシーの策定とも密接に関係する。

　筆者は，カリキュラムにおける初年次教育プログラムの位置づけを，コンピュータのハードディスク等の周辺機器になぞらえて，「外付型」と「内蔵型」に分類している。外付型は，前述の「初年次教育科目」のように，特定の科目群を初年次教育のための科目として，従来の科目群に付け加える考え方である。これに対して内蔵型は，初年次教育の中核となる科目は置きながらも，一年次の各科目のなかで，初年次教育の理念に合致した授業内容を少しずつ取り入れる考え方である。

　外付型は多くの大学でひろくみられるものだが，その問題点は，形式的にも，また教職員の意識のなかでも，「初年次教育科目」の担当者とそれ以外という区別を生んでしまうことである。その結果，初年次教育は誰か別の教職員が担当する従来の教育とは違う特殊なものである，という当事者意識の希薄化が生まれる。いうまでもなく，初年次教育は組織的な取組として実践されるものであり，特定の科目や特定の教職員がそれを担っているという考えは，初年次教育の理念に合致しない。

　このことは，キャリア教育にも共通する問題である。キャリア教育においても，特定の科目群を「キャリア教育科目」とよぶ大学が多い。その結果，キャリア教育は特別な教育であり，自分とは関係がないという意識が当該科目を担当しない教職員のあいだに生まれる。多くの大学では，外部の企業経験者やキャリア系コンサルタント等にキャリア教育をまかせる傾向があることから，このような当事者意識の希薄化がさらに強化されることになる。キャリア教育のプログラムを考えることは，初年次教育のプログラムについて考えるのにも役立つが，本論からはずれるので，ここでは詳細に述べることはさけたい。

2　初年次教育を組み込むためのヒント

マイクロ・インサーション

　さて，外付型の初年次教育プログラムの問題点に対する解決策として提示す

るのが，内蔵型の初年次教育プログラムである。これは，カリキュラムに初年次教育を組み込むことを意味する。

内蔵型の初年次教育を考える際に参考となるのが，科学者倫理教育における「マイクロ・インサーション」(micro-insertion) である。これは，米国イリノイ工科大学のデービス (Davis 2006) が提唱した「カリキュラム全体を通した技術者倫理教育」(EAC: Ethics Across the Curriculum) の具体的な教育手法のひとつで，日本では金沢工業大学が早くから導入している（西村 2006）。

その内容は，特定の科目で技術者倫理教育を担うのではなく，それぞれの専門科目のなかに倫理的な問題をうめ込むものである。つまり，カリキュラム全体を通して技術者倫理教育を実践するわけであるが，既存のカリキュラムに大幅な変更をくわえる必要はなく，各科目において無理のない範囲で倫理的な問題をとりあげるという方法である。たとえば，工業製品の設計や材料の計算をする場合でも，自分が製造に関わった製品が消費者や社会にどのような影響をあたえるのか，また設計段階で予測していなかった現象が実際におきた場合にどうするのか，などの疑問を折にふれてなげかける。そのことによって，社会と技術の関係や倫理的問題について，学生に考えさせる機会をあたえることになる。

「初年次教育マップ」の提案

このマイクロ・インサーションの考え方は，内蔵型の初年次教育にも応用可能である。一年次の教育プログラム全体を通して，初年次教育の枠組のなかで学ぶべき要素を各科目において無理のない範囲で盛り込むことが，マイクロ・インサーションの初年次教育への転用である。ただし，それが実現するためには，各教職員が初年次教育に参画しているという共通認識の醸成はいうまでもなく，各科目が担うべき役割や盛り込むことができる初年次教育の内容についても情報共有する必要がある。このような取組を促進するツールとして，マップやツリーがある。しかし，そのようなツールとして，マップやツリーが有効に活用されている事例をみつけるのはむずかしい。

マップやツリーを考える際に重要なのは，これらが作成されているという事実やその完成形ではなく，これらが作成されるプロセスそのものである。つまり，学士課程教育にたずさわる教職員が，協働してマップやツリーを作成するプロセスを通して，カリキュラムという「全体」と各自が担当する科目という

「部分」との関係を俯瞰できる。しかし，現実には，教務関係の委員や一部の教職員がマップやツリーを作成するケースが多くみられ，マップやツリーの作成という作業にうめ込まれたFD（Faculty Development）・SD（Staff Development）効果は見過ごされがちである。

そこで，一年次の教育プログラムに限定した，「初年次教育マップ」とでもよべるものの作成を提案したい。一年次の教育に関わる教職員が協働し，各自が担当する科目のなかで，どの初年次教育の要素を盛り込むことができるかを確認し，簡単に図式化するのである。ここで重要なのは，あくまでも無理のない範囲で，盛り込める要素を選択することである。

3 さまざまな実践例

内蔵型の初年次教育

これまでの議論をふまえて，筆者の実践例をもとに内蔵型の初年次教育のありかたについて論じる。

内蔵型の初年次教育を実現するためには，一年次の教育プログラムに盛り込むべき初年次教育の要素を明確にする必要がある。そこで，ひとまず初年次教育の標準的な構成要素であると考えられる「スタディ・スキルズ（学習技術）」の育成を，教育プログラム全体にどう組み込むかについて考える。

まず，スタディ・スキルズをどのようにとらえるかという視点が重要である。たとえば，初年次教育のテキストとして版を重ねている『知へのステップ』（学習技術研究会 2015）では，大学で学ぶために「聴く・読む・書く・調べる・整理する・まとめる・表現する・伝える・考える」の9つの力が必要であるとしている。

では，これらの力をどう育成するのか。さまざまな取組をみると，個別の能力を個別のワークで育成しようとするものが目立つ。たとえば，「書く」力を育成するために，学生にテーマをあたえて文章を書かせる課題は，その典型である。しかし，「書く」ことに付随する能力は複合的であり，まとまった文章を「書く」ためには，資料を「読む」あるいは人の話を「聴く」，そして「考える」という能力がもとめられる。したがって，「個別能力＝個別ワーク」と考えるのではなく，ひとつのワークを通して，同時に多様な能力を育成する方策を考えたほうがよい。

頭のフェイント

　そこで，筆者の実践例を紹介する。筆者は，これまでさまざまな学部で初年次教育にたずさわってきた。たとえば，経済学や経営学を専門とする一年生を対象としたゼミナールや社会科学系の授業では，専門分野に関連する簡単な文献や新聞記事を教材にした場合，次のような手順で授業を展開する。

　まず，各自に教材を読ませ，キーワードを抽出させるとともに，意味が理解できない言葉についても書きぬきをさせる。意味不明の言葉については，電子辞書，パソコン，スマートフォン等で調べさせる。次に，抽出したキーワードをもとにして，教材の内容を人に伝えるための簡単な文章をまとめさせる。となりの学生とペアになり，この文章をもとに意見交換をさせる。さらに，意見交換をもとに，読みとった内容に関する精度を高めるべく，文章を修正させる。

　このようなワークを通して，実際の順序は前後する場合があるものの，学生は「読む→考える→書く→伝える→聴く→考える→書く」といった一連の行動を体験する。半期授業のすべての回をこのようなワークに費やすのは現実的ではないが，さまざまな能力を同時に育成するようなワークを異なる授業のなかで体験させることは，総合的なスタディ・スキルズの育成にとって重要である。ここでは，「初年次教育科目」としてあつかわれることが多い一年生のゼミナールと，「一般教養科目」や「専門基礎科目」などとよばれることが多い社会科学系の基礎的な科目で，共通する手法を使いながら，スタディ・スキルズの育成をめざしている。

　一般に，「一般教養科目」や「専門基礎科目」において，教員は専門的知識を学生に伝達しようとする。そのため，専門用語と専門的知識の暗記を学生に強いる傾向がある。もちろん，各専門分野の分析枠組（ものの見方）を理解し，思考という「エンジン」を動かすためには，最低限の知識という「燃料」が不可欠であることは否定できない。しかし，専門的知識の伝達に注力するあまり，スタディ・スキルズの育成がおろそかになりやすい。

　この背景には，スタディ・スキルズは別の科目，すなわち「初年次教育科目」とよばれるもののなかで育成されるべきものだという思い込みがある。これは，まさに前述の当事者意識の希薄化を意味する。この証左となる事例は，筆者の体験を含めて，数多くある。たとえば，文章が読めない，あるいは書けない学生をみつけては，一年生のゼミナール担当者や日本語表現に関する科目の担当者に対して，「初年次教育担当の教員はなにを教えているのか」と苦情

を申し立てる「一般教養科目」や「専門基礎科目」の教員がいることは，当事者意識の希薄化をよくあらわしている。

　しかし，専門的知識の習得とスタディ・スキルズの育成は相反するものではない。パウシュ（パウシュ＆ザスロー 2013）は，本当に学ばせたいことを，学習者には気づかれないように別のかたちで教えることを「頭のフェイント」（head fake）とよんだ。この考えにヒントをえて，筆者は経営学を専攻する一年生に対して，『ハーバード・ビジネス・レビュー』（日本語版）を教材に授業を展開した。同教材は，経営学関係では定評のあるものだが，掲載論文の内容はかならずしも難解なものばかりではない。そこで，比較的平易な論文を選び，前述のワークと同様に，キーワードの抽出やペアでの意見交換をさせた。このワークでは，表向きは経営学の専門知識について学習しているとみせかけて，実は日本語の読解力と伝達能力をきたえるという「頭のフェイント」を使っている。このように考えれば，専門的知識の習得とスタディ・スキルズの育成は十分に両立することがわかる。

　これまで紹介した実践例をみると，いずれも少人数授業でなければ実践できないものであるとの印象をもたれやすい。しかし，安永ら（安永・須藤 2014）が推進する「話し合い学習法」（LTD：Learning Through Discussion）の研究が明らかにしているように，大教室においても，学生どうしの教えあいや学びあいを促進することは可能である。

ジグソー学習の展開

　さて，内蔵型の初年次教育の実現にむけて，各科目で無理のない範囲で導入できる手法として，アロンソンが開発した「ジグソー学習」（Jigsaw Method）を紹介する（アロンソン＆パトノー 2016）。これは，名前のごとく，ひとつの大きな課題をジグソー・パズルのようにいくつかのパーツに分解しておこなう学習方法である。

　基本的な手順は，以下の通りである。たとえば，5人ずつのグループを想定した場合，五つに分解された異なる課題（課題①〜⑤）が各グループに配られる。各グループで自分が担当する課題を決め，各自がその課題に取り組む。次に，同じ課題（たとえば課題①）を担当した者どうしが集まり，意見交換をする。意見交換が終わったら，各自がもとのグループにもどり，各自の課題について教えあいと学びあいをする。最後に，グループ内で課題①〜⑤を総合し，グルー

プとしての意見をまとめる。これは，あくまでも基本形であり，さまざまな応用や工夫が考えられる。ジグソー学習だけでも，「読む・考える・伝える・聴く・まとめる」といったスタディ・スキルズの育成に役立つ。

　筆者は，経済学部，経営学部，法学部の一年生のゼミナールで，3学部共通のプログラム（半期15回のうちの10回）を作成したことがあるが，その際，新聞記事を活用したジグソー学習を随所に導入した。関連する内容の新聞記事を用意するだけではなく，詳細な指導案も作成し，どの教員でも実施できる仕組みをつくった。その後，ジグソー学習の手法を身につけた教員のなかには，ゼミナール以外の担当科目でも，同じ方法を導入する事例もみられるようになった。

　ジグソー学習に関して，専門的知識の習得とスタディ・スキルズの育成の両立という意味では，「ダイナミック・ジグソー」（杉江・関田・安永・三宅 2004）や「知識構成型ジグソー法」（三宅・飯窪・杉山・齊藤・小出 2015）などが参考になるが，紙幅の関係で詳細については割愛する。

　ジグソー学習やLTDは，アクティブラーニングのなかに位置づけられるが，これらが内蔵型の初年次教育で実践されることにより，アクティブラーニングの効用がさらに発揮されるものと考える。

4　内蔵型の初年次教育にむけた協働

　本章では，大学教育の解決すべき三つの「接続問題」があると指摘したうえで，そのひとつであるカリキュラムにおける科目間あるいはプログラム間の連携・接続の問題をとりあげ，初年次教育の観点から論じた。そして，マイクロ・インサーションの考え方にヒントをえて，初年次教育の中核となる科目は置きながらも，一年次の各科目のなかで，初年次教育の理念に合致した授業内容を少しずつ取り入れる「内蔵型」の初年次教育を提案した。さらに，その具体的な方策として，ジグソー学習をはじめとする，筆者の実践例を紹介した。

　初年次教育を学習者の高校から大学への円滑な移行を組織的に支援する取組の総体としてとらえれば，一年次の教育プログラムが相互に連携することが不可欠である。しかし，それを実現している大学は数少ない。内蔵型の初年次教育を実現するためには，一年次の教育プログラムに盛り込むべき初年次教育の要素を確認し，組織内で共有することが必要である。そのためには，本章で提案した「初年次教育マップ」のようなツールが役立つ。また，ジグソー学習の

ように，さまざまな科目で展開可能な手法を共有する取組も重要である。

2017年4月から施行された「大学設置基準の一部を改正する省令」では，あらためて「教職協働」が明文化された。これにより，教職協働が実現されていることが各大学にとって所与のこととなった。初年次教育は，熱意ある一部の教職員だけでは成立せず，実質的な教職協働がもとめられている。また，教員間では，「学部の自治」ならぬ「科目の自治」とでもよぶべき実態があり，たがいの科目には口をださない傾向がみられるが，内蔵型の初年次教育を実現するためには，「口をだす／ださない」という次元ではなく，たがいの教育を高めあうような協働がもとめられる。

[参考文献]

アロンソン，E. & パトノー，S.／昭和女子大学教育研究会（訳）(2016)『ジグソー法ってなに？――みんなが協同する授業』丸善プラネット（Aronson, E. & Patnoe, S. (2011) *Cooperation in the Classroom: The Jigsaw Method*, London: Printer & Martin.）

中央教育審議会（2011）「今後の学校におけるキャリア教育・職業教育の在り方について（答申）」文部科学省

Davis, M. (2006) "Integrating Ethics into Technical Courses: Micro-Insertion", *Science and Engineering Ethics*, 12, 717-730.

学習技術研究会（編）(2015)『知へのステップ――大学生からのスタディ・スキルズ』（第4版）くろしお出版

三宅なほみ・飯窪真也・杉山二季・齊藤萌木・小出和重（編）(2015)『協調学習 授業デザインハンドブック――知識構成型ジグソー法を用いた授業づくり』東京大学大学発教育支援コンソーシアム推進機構（CoREF）

西村秀雄（2006）「金沢工業大学の技術者倫理教育への全学的な取り組み」『工学教育』54 (4), 44-47.

パウシュ，R. & ザスロー，J.／矢羽野薫（訳）(2013)『最後の授業――ぼくの命があるうちに』（ソフトバンク文庫）ソフトバンククリエイティブ（Pausch, R. & Zaslow, J. (2012) *The Last Lecture*, London: Two Roads.）

杉江修治・関田一彦・安永悟・三宅なほみ（2004）『大学授業を活性化する方法』（高等教育シリーズ）玉川大学出版部

安永悟・須藤文（2014）『LTD話し合い学習法』ナカニシヤ出版

7章　学生の多様化と初年次教育・学生支援の連携
——発達障がい学生の受け入れをめぐって

西村秀雄・沖　清豪

1　発達障がい学生受け入れをめぐる状況

　学生の多様化とそれに伴う学生支援の多様化が進捗する中で，初年次教育を担当する教職員は新しく対応困難な複数の課題に直面している。その中でも発達障がいを抱える学生の大学への適応については，当事者である学生自身だけの問題ではない。彼らの周囲にいる学生や初年次教育を担当する教職員にとっても，何をどのように考え，対応すればよいかについて模索が続いている。特に教育改革としてアクティブラーニングを求める大学改革の文脈では，組織としても教職員個々人にとっても，支援のあり方を問い直される状況にある。

　すでに教育学関連諸学会や学生支援・相談をめぐる学会・研究会では，障がい学生支援全体，あるいは発達障がい学生の支援に関する研究報告，シンポジウムや研修会が開催されている。初年次教育学会でも昨今の研究報告などで，事例紹介などを通じて関連する内容のものが散見されるようになった。

　その一方で，2016年4月の障害者差別解消法（「障害を理由とする差別の解消の推進に関する法律」）の施行によって，「合理的配慮」に基づいた学生支援が求められている。この「合理的配慮」については，「障がいのある学生の修学支援に関する検討会報告（第一次まとめ）」において，「障害のある者が，他の者と平等に「教育を受ける権利」を享有・行使することを確保するために，大学等が必要かつ適当な変更・調整を行うこと」であり，「障害のある学生に対し，その状況に応じて，大学等において教育を受ける場合に個別に必要とされるも

の」でありつつ，しかし「大学等に対して，体制面，財政面において，均衡を失した又は過度の負担を課さないもの」(障がいのある学生の修学支援に関する検討会 2012) と定義されている。しかしこの報告でも実際の配慮については，「大学等が個々の学生の状態・特性等に応じて提供するものであり，多様かつ個別性が高いもの」とされており，学内外で一般化できる状況にはなっていないようである。

　こうした現状を踏まえて，本章では，初年次教育の文脈における障がい学生支援，とりわけ発達障がいを抱える学生への支援のあり方について，現状と課題を共有することを目的とする。第2節ではごく一般的な初年次教育科目においてうまく適応できない学生が抱える問題について報告し，第3節では初年次教育・学生支援がどのように連携することが重要かについて早稲田大学の事例も参考にしつつ確認することとしたい。

2　初年次教育科目にうまく適応できない学生が抱える問題

初年次教育科目を不合格となる学生

　金沢工業大学は，2004年のカリキュラム改革に際して一連の初年次教育科目群を導入した(藤本・西村 2006)。その中心は必修科目「修学基礎」であり，入学直後のスチューデント・スキルおよびスタディ・スキル獲得から始まり，年度後半のキャリア教育に至る，現在ではごく一般的な初年次教育科目である。当該科目は普通に出席して個別学習，グループ活動および自主学習に取り組み，課題を提出すれば単位を修得できるはずだが，残念ながら一定数の学生が不合格となる。再履修学生について当初は翌年の新入生とともに学ばせていたが，程なくして再履修学生のみの特別クラスを編成するようになった。2011年度以降(2015年度を除く)は筆者(西村)が当該クラスを継続して担当している。

　筆者が担当し始めた当初の受講生は，人数こそ多くなかったものの，大学あるいは科目に適応できずに「悩んでいる」あるいは「困っている」学生であった。その後再履修者は徐々に増加し，現在では，約1,600名の新入生に対して年度前半は約4%，後半は約7%の学生が当該科目を再履修している。そのため年度後半は2クラス編成とし，比較的問題の少ない学生のクラスを学生部長が受け持っている。他方，彼ら／彼女らの「悩み」は，以前ほど目立たなくなっているように感じられる。

「修学基礎」通常クラスでは，最低でも入学直後および年度末の2回，全員を対象に10分間程度の面接を行っているが，再履修クラスでは最短約30分，長い場合は数時間かけて，本人の了解を得た上で成育歴を含めた状況を丁寧に確認している。それによると，元のクラスで不合格になった理由は出席日数不足ないしは課題未提出が大半であり，提出した課題の評価が低いなどの理由でたまたま不合格となった者は再履修生の約10％に留まる。欠席および課題未提出の原因について尋ねると異口同音に，「怠けていた」と返答する。同時に，「朝，起きられなかった」あるいは「やる気はあるが，なぜか課題を提出できなかった」などと述べる者も多い。

面接開始時に信頼関係を築くことができると彼らは，入学以前を含めて素直に，しかも比較的積極的に話すようになる。抱える悩みや問題，ここに至る事情は千差万別であり，彼らが語る内容に，可能な限り偏見を持たず，また真摯に耳を傾ける必要があるが，長年面接を続けていると彼らの多様性の背後に，特定のパターンが存在することに気づく。問題を抱えている学生は，二つのグループに大別できるように思われる。「気分が深く沈み込む学生」と「思考と行動に特徴を持つ学生」である。4月に実施する最初の面接を例に取り，それぞれの学生の特徴を見てみたい。

気分が深く沈み込む学生

面接の実施について筆者は，再履修クラスの初回に各自都合の良い時間帯を予約し，その時刻に来室するよう指示している。初期に訪れる学生は，きちんと予約して約束の時刻より早く来室し，研究室の前で静かに待っている。挨拶は丁寧で服装に乱れはなく，面接態度も良好である。性格は生真面目で，何をするにしても完璧を目指す傾向がある。通常クラスで単位を修得できなかったことが不思議に感じられるほどであるが，しかし，彼らの多くは大学入学後のかなり長い期間，特別な理由がないにもかかわらず，あるいは些細なことをきっかけとして，気持ちが深く沈み込み，通常なら何の問題もなくできる勉強や生活を送ることが困難な状況に陥っていた。

金沢工業大学は2学期制を採用しているが，これらの学生は各学期の後半に気持ちが沈むことが多い。前期（「前学期」）については6月を中心として，後期（「後学期」）は10月中旬から11月に気持ちが劇的に落ち込むことが多い。電子的に管理される各受講科目への出欠状況の記録によると，確かに，学期の

途中から講義を数週連続欠席している。その後，気力を振り絞って出席することもあるが，出席継続はまれで，ほぼ全員が2, 3週後，再び連続欠席に転ずる。1限，あるいは午前中の講義を欠席するが，午後からは何とか出席できる場合もある。

　不調の時期の様子を尋ねると，彼らは深い抑うつ状態（興味あるいは喜びの著明な減退）にあり，不定愁訴，食欲減退と味覚鈍麻，体重減少，不眠（場合によっては過眠）あるいは浅い睡眠，疲労感の継続，集中力の喪失，性的関心の減退，罪悪感および自己攻撃性（まれに他者攻撃性）の増進，ある程度重い場合は希死念慮が月単位で継続している。本人や保護者，あるいは入学時の担任は問題の存在に気づいていないことが多く，したがって心療内科等の医療機関では受診していないのが普通である。

　気持ちが沈んだ直接のきっかけとして，友人関係のこじれや学習上の困難などを挙げることもあるが，それだけでこれほど深い抑うつ状態に陥るとは考えられない。そこで入学前の状況について尋ねると「そう言えば」と，過去を振り返りながら話し始める学生が大半である。

　気持ちの落ち込みは緩慢に進行することが多いが，中には「ジェットコースターで落ちるかのように」と語る学生も存在する。彼ら／彼女らは知的レベルが比較的高く，気持ちの落ち込みを初めて経験した時の様子を「わけがわからなかった」と表現するものの，2回目以降はそれをある程度，客観視して語ることも少なくない。自分の特性を比較的客観的に評価し，今後の状況の改善に繋げようとしている。

　彼らは強い絶望感や自責の念に苛まれており，周囲の人間の不用意な忠告は，彼らの心に響かないどころか，むしろ状態を悪化させる場合がある。信頼関係を築いた上で，焦らずに休息して状況の改善を待つよう穏やかに励ましたり，学内保健機関や医療機関での相談や受診を勧めることは望ましいが，学生の状態が深刻であるにもかかわらず，それを理解せずに行う叱咤激励は当該学生を精神的に追い込み，自死など最悪の事態を招く可能性がある。残念ながらその可能性は決して低くないことを肝に銘じる必要がある。

　このグループの学生はもともと抑うつ傾向を持っており，青年期に，しかも初めて自宅を離れるという環境変化によって抑うつが顕在化したものと推測される。しかし面接を進めると，後述する第二のグループの問題が根底にあり，それとの重複，あるいはそれを一次性原因とし，二次性の問題としてこのよう

な抑うつ状態を引き起こしている事例が見られる。その見極めには細心の注意が必要である。

思考と行動に特徴を持つ学生
　第一のグループの学生の特徴が比較的共通しているのとは対照的に，第二のグループの学生から受ける印象は，まさに多様である。過去の出欠記録を参照しても，明確なパターンは見られない。しかしよく観察すると，その表面的な行動の背後に二つの緩いピークを持つサブ・グループが存在するように思われる。
　最初のサブ・グループの学生はほぼきちんと面接に訪れるが，他の学生など周囲とのコミュニケーションに何らかの問題があることが多い。特定の事柄に極めて強い関心を持ち，それについて話し始めると止めることができない。グループなどの中で果たすべき役割を理解できず，集団の中で浮きがちである。この点については，本人も自覚していることが多い。その場の雰囲気や文脈を理解できず，全体像を理解することが苦手であるため，彼らは何をするにしても見通しを持つことができない。過去について尋ねると，このような傾向は幼少時から継続していることが普通であり，それが増進したり減退したりすることはほぼない。知的レベルについては，高い者も見られる。
　このサブ・グループに属する学生は，コミュニケーションに難があっても，きちんと出席してそれなりに課題を提出することによって元のクラスで単位を修得しているものと推測され，当該科目を再履修する学生はその一部に留まると考えられる。
　第二のサブ・グループの学生は，そもそも面接に応じないことが多い。予約するという行動そのものを理解していなかったり，約束をしていてもそれを失念していることが多く，たまたま講義に出席した機会をとらえてそのまま面接に持ち込んでいるのが実態である。しかしひとたび面接に入ると彼らは，妙に馴れ馴れしく饒舌に語る。姿勢はだらしなく，また落ち着きがない。
　例えば担任から指示された課題に取り組むとして彼らは，「（課題を）忘れてしまった」，「どうしても書き始めることができなかった」，「わかっていたけど後回しにしてしまい，締め切りを守ることができなかった」などと述べる。彼らの行動は，指示内容を理解する，「指示された」ということとその内容を記憶する，調査など必要な行動を開始する，印刷や推敲などの作業を進め，所定

の日時に提出するという一連の流れのどこかで遮られており，計画的に行動することができない。整理整頓が不得意で居室は散らかっており，しかもそれは幼少時から継続している。なお，これら二つのサブ・グループの境界は必ずしも明確ではなく，両方の特質を持ち，判断が難しい場合も多い。

　二つのサブ・グループに見られる特性はしかし，程度の差こそあれ我々自身も有するものである。当該学生が抱える問題を解消あるいは軽減し，学生支援の改善に繋げるためのキーワードとなるのが，後述の「スペクトラム」という考え方である。

　なお学生に関する以上の描写は，特に目立つものに限定している。個々の学生が抱えている問題や事情は実に多種多様であり，それと虚心坦懐に向き合うことが必要である。またそれが，相互の信頼関係に繋がる。

「スペクトラム」という考え方

　日本の精神医学は伝統的に，クレペリン以降のドイツ精神医学をその根本原理としていた。しかし1980年代以降，事実上，米国精神医学会（APA）の『DSM』（最新版は『DSM-5 精神疾患の診断・統計マニュアル』）や世界保健機関（WHO）の『ICD』（同，『ICD-10 精神および行動の障害 ──DCR研究用診断基準』）に代わられつつある。両者は考え方が大きく異なり，結果的に疾病概念の変更を招いている。その是非は本章の及ぶところではないが，発達障がいの概念がこの二つの基準の影響を受けていることには注意を払う必要がある。

　具体的には，我が国において障がいのある学生に関する大規模調査結果は，独立行政法人日本学生支援機構（JASSO）の「平成28年度（2016年度）大学，短期大学及び高等専門学校における障害のある学生の修学支援に関する実態調査結果報告書」（日本学生支援機構 2017a），および同じくJASSOの「大学，短期大学及び高等専門学校における障害のある学生の修学支援に関する実態調査分析報告」（日本学生支援機構 2017b）のみであるが，これらは『DSM』および『ICD』の考え方に基づいている。

　日本学生支援機構（2017a：8）によると，大学および短期大学，高等専門学校に在籍する障がいのある学生は27,257名であり，内訳は精神障がい学生は6,775名（24.9％），発達障がい学生（診断書有）は4,150名（15.2％）となっている。日本学生支援機構（2017b：101）によると，精神障害学生数のカテゴリー別構成比は神経症性障害等（35.8％），気分障害（30.7％），統合失調症等（11.8％），摂食

障害・睡眠障害等（8.3%）となっている。同じく日本学生支援機構（2017a：2）の区分に従えば，発達障がいとは SLD（限局性学習症／限局性学習障害），ADHD（注意欠如・多動症／注意欠如・多動性障害），ASD（自閉スペクトラム症／自閉症スペクトラム障害），お

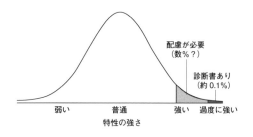

図1 「スペクトラム」概念図

よびその重複とされる学生である。発達障がい学生数のカテゴリー別構成比（日本学生支援機構 2017b：76）は，SLD（4.1%），ADHD（19.5%），ASD（63.5%）およびいずれかの重複（13.0%）となっている。

　たとえば，ADHD の不注意あるいは多動性・衝動性といった特性は，程度の差こそあれ誰にでも存在する。しかし，そのために大学の修学という場において，何らかの困難な状況に陥っているのならば支援あるいは合理的配慮が必要となる。『DSM-5』では新たに，健常者から重症の障がい者までを連続体としてとらえるという「スペクトラム」という考え方が導入された（APA 2014）。

　この考え方に基づけば，先に見た第一のグループの学生（抑うつ状態にある学生）は精神障がいの中の気分障がいと，第二グループの中のコミュニケーションに難がある学生は ASD と，過度に落ち着きがない学生は ADHD と，それぞれ極めて密接な関係にあることが容易に推測される。日本学生支援機構（2017a）における発達障がい者は診断書を有する者を指す。2016 年度の場合，調査対象となった全 3,184,169 名中 4,150 名（大学・短大・高専合計）が該当し，その比率は 0.13% である。しかしこれまで見たように，たとえ診断書はなくても支援や合理的配慮が必要な者まで対象を拡大すれば，それは文字通り桁違いの人数になる。

　初年次教育の段階で適切な指導を受けることができなかった学生は後にアクティブラーニングやゼミ，就職活動の場面において突如，極めて困難な状況に直面することになる。合理的配慮と継続的な学生支援体制が求められる所以である。大学によって事情は異なるが，精神障がいおよび発達障がいのある学生への組織的対応は喫緊の課題であり，そのために初年次教育が果たすべき役割と期待は大きい。

3 発達障がい学生の受け入れと指導体制構築

高大接続と発達障がい学生の受け入れ

発達障がい学生に対する支援ないし配慮の取組は，高大接続すなわち入学者選抜の準備段階から始まる。AO 入試や推薦入試の場合は，事前の高校側との情報共有がどこまで可能であるかという課題がある。また，多様な評価基準を有する選抜制度で，受験生に対してどのような配慮を行うことが適切であるのかについては，入学後の支援の可能性と合わせて考慮する必要もあり，個別大学の入試担当者にとって大きな課題となってきたのではないだろうか。

推薦入試や AO 入試の場合，その合格発表は私立大学であれば年内 11 月までに実施されることが一般的であり，入学後の支援体制構築のための情報共有や担当者の配置などを実施するにあたり，少なくとも時間的制約という点では比較的余裕がある。新年度までの 4 か月程度の中で，関係者の間で多様な課題を検討することができるはずである。一方，一般入試の場合，受験に合格し，入学が決定すると，すぐに入学後の支援体制の検討および構築が必要とされる。

現在課題となっているのは，発達障がいを有する受験生に対する学力選抜試験における「合理的配慮」である。この点について，個別大学での検討にあたって大きな影響を与えているのが，大学入試センターによるセンター試験における発達障がいを有する受験生への配慮である。

具体的には，「自閉症，アスペルガー症候群，広範性発達障害，学習障害，注意欠陥多動性障害のため配慮を必要とする者」に対して，「試験時間の延長 (1.3 倍)」，「チェック解答」，「拡大文字問題冊子 (14 ポイント・22 ポイント)」，「注意事項等の文書による伝達」，「別室の設定」，「試験室入口までの付添者の同伴」，「リスニングにおける各種配慮」等の配慮を，当該受験生の診断書と状況報告書に基づいて判定することとなっている (大学入試センター 2017)。

現在，この大学入試センターの諸基準が個別大学の一般入試における配慮の指標として重視されており，私立大学の場合も合理的に実施可能な範囲でこれらの配慮を実施することが受験生やその関係者から期待されている。

さらに受験時に実施された配慮は，入学後にも期待されるものとしての基準となりうる。その点でも，配慮可能性について関係諸機関・担当者との事前の情報共有が必須となっている。

全学的支援体制と初年次教育

　それでは入学が決まった新入生に対して，大学はどのような支援をどのような体制で実施しうるであろうか。事例を通じて考えてみることとしたい。

　早稲田大学の場合，他の大学と同様に発達障がいを有する学生への対応は入試の前の段階から始まる。オープンキャンパスに障害を有する生徒や保護者が参加する際には，障がい学生支援室と入学センターとが連携して，学部入試担当者との面接を設定するなどして，受験時や受験後の対応に対する調整を行っている。

　さらに，一般入試にあたっては公平性にも配慮した上で，原則的に大学入試センターの基準やセンター試験受験時の当該受験生に対する特別な配慮の実施状況を確認しつつ，実施可能な範囲で特別な配慮を行っている。近年多様な配慮を求めている受験生数は増加傾向にあり，正式な出願前の年末年始には学内の専門家のアドバイスを受けながら，配慮の可能性について入学センターと入試実施学部との間で調整を行っている。

　試験実施後，実際に入学が決まった場合には，改めて当該学部教務担当者と全学組織である障がい学生支援室の発達障がい支援担当者との間で調整が行われ，支援を行う在学生の配置も含めた支援体制が構築される。学部によっては，初年次教育の演習担当者に個別に支援のあり方などについて文書等を通じて情報が事前に提供されている。少なくとも診断書を有し，支援を希望する学生の場合には，多様な側面での支援を実施できる素地が完成しているといえるだろう。

　また，入学直後に学生自身やその保護者等が発達障がいに関すると思われる課題を認識した場合には，2014年度から障がい学生支援室の発達障がい学生支援部門が，当該学生への修学支援相談や学内支援体制の調整などを進めている。

　問題は，診断書がない場合，学生本人に自覚が乏しいものの教職員からみて発達障がいが疑われる場合，そして基礎演習等の初年次教育プログラムの中で他の学生との主体的な協働作業が求められている場合である。基礎演習担当教員が当該学生にどのような支援を行い，当該授業内およびその後の学習継続にあたり，何をどの程度配慮し支援体制を構築するかについては，早稲田大学でも依然として課題となっている。

　これらの課題のうち，例えば協働作業が主体となる演習形式の授業において

は，評価の観点を尊重しつつ，測定方法について合理的配慮を行うことが期待されている。グループ作業の報告を参加者内で分担して行うことが困難な学生の場合，どのような作業を課題とすれば代替となるかについて，学生と相談しつつ教員ができる範囲で検討することが必要なこともある。前述の金沢工業大学の事例でも紹介されているように，大規模な学部の場合には，時間割の調整や少人数の授業を別途設定して作業に関する負担を低下させるなども考えられる。近年こうした課題に対する研究・実践が蓄積されてきているので，それらも参考になる（原田・枝廣 2017 等）。ただし，こうした配慮を行う場合であっても，その配慮が適切か否かについても注意しなければならない。学生自身の希望や課題を把握するために日常における意思疎通を維持し，さらにカウンセラーや学内の支援担当部局と緊密な連携を取っておくことが必要である。担当教職員の負担は現状では決して小さいものではなく，個々人の努力に依存している状況であることも否めない。

　また学生本人に自覚が乏しい場合であっても，単に怠けているという判断で当該学生を切り捨てるのではなく，多様な可能性を踏まえて指導や評価，支援をしなければならないという新たな状況が生じている。これは障害者差別解消法の施行によっていっそう求められており，どのような支援を行うべきかについては，初年次教育担当教職員であっても理解が深まっているとはいいがたい。

　したがって，特に新たな状況に対応できるように，担当教職員に対する発達障がいや学生の支援に必要な知識・技能を学ぶための研修や，より具体的な情報提供が必要となっている。そのうち知識・技能については，早稲田大学の場合でも，従来から研修会を全学レベルないし学部レベルで実施してきた。さらに 2017 年度からは，学生や教職員が使用するプラットフォームであるコースナビ上に各種のオンデマンドの映像教材を公開し，視聴を促している。新入生向けに作成された「学生生活を送るにあたって」内には，学内の総合健康教育センターが作成した「アスペルガー症候群を知っていますか」という 16 分強のコンテンツが公開されている。これは教職員も視聴可能なものとなっており，初年次教育を担当する教職員にとって必要な知識・技能を学ぶ場として機能している。今後はこのようなコンテンツの視聴をさらに促し，周辺にいる一般学生の中での理解を深めていくための方策を検討する必要があるだろう。

　早稲田大学障がい学生支援室発達障がい学生支援部門のウェブサイトでも確認できるように，当該学生への支援や関連機関との多様な調整をはかる部門が

2014年度から設置され，現在まで機能してきている。しかし，初年次教育だけでなく卒業後のキャリアまで総合的に考え支援していくための諸課題は，依然として山積しており，学内だけでなく学外の諸機関との連携も必要な状況となっている（沖 2017）。こうした中で入口としての高大接続や初年次教育での対応が改めて注目されているのである。

4　多様性を認め共生するための初年次教育

そもそも，精神障がいおよび発達障がい学生の問題は，「こんな学生も入学するようになった」から「対処しなければならない」という「困ったこと」なのだろうか。

上手く適応できない学生も，一つのことを粘り強く考え抜くことができるというASDの，あるいは何にでも興味関心を持ち夢中になるというADHDの特性や傾向を活かしながら，適応状態を改善することによって，しばしば障がいのない学生以上に深い洞察力を持った成熟した存在となる。これは同時に，障がいのない学生にとっても，個性と多様性を認めて自らの存在のあり方を考える良い機会となるのではないだろうか。

一方で大学側にとって，特に初年次教育を担当する教職員にとって，仕組みとしての支援体制だけでなく，個々の学生に対する支援をどのように行っていくのかについて，さらに情報や経験を蓄積・共有していくことで，ある程度の対応策や方針を構築していくことが可能となる。初年次教育学会や関連学会，研究会が蓄積・共有の場となる必要があるだろう。このような取り組みを通じて，発達障がいを抱える学生だけでなく，その周囲にいる学生，そして教職員がそれぞれの必要性に応じて成長するための機会とするためにも，入学当初の取り組みが重要になっていくものと思われる。

[参考文献]

APA（American Psychiatric Association）（編）／高橋三郎・大野裕（監訳）（2014）『DSM-5 精神疾患の診断・統計マニュアル』医学書院（American Psychiatric Association（2013）*Diagnostic and Statistical Manual of Mental Disorders: DSM-5,* American Psychiatric Pub.）

中央法規出版編集部（編）（2016）『障害者差別解消法　事業者のための対応指針（ガイドライン）

──不当な差別的取扱い・合理的配慮の具体例』中央法規出版

大学入試センター（2017）「平成 30 年度試験　受験上の配慮案内」http://www.dnc.ac.jp/center/kako_shiken_jouhou/h30/hairyo.html（2018 年 6 月 26 日閲覧）

藤本元啓・西村秀雄（2006）「金沢工業大学」濱名篤・川嶋太津夫（編）『初年次教育──歴史・理論・実践と世界の動向』丸善，pp. 135-147.

原田新・枝廣和憲（2017）「大学のアクティブラーニング型授業に対応したユニバーサルデザイン環境に関する一考察」『岡山大学教師教育開発センター紀要』7，137-146.

広沢正孝（2010）『成人の高機能広汎性発達障害とアスペルガー症候群──社会に生きる彼らの精神行動特性』医学書院

石丸昌彦（2016）「うつ病増加の背景要因に関する覚書」『放送大学研究年報』34，1-13.

岩波明（2015）『大人の ADHD──もっとも身近な発達障害』ちくま新書

国立特別支援教育総合研究所（編）（2015）『大学における支援体制の構築のために　発達障害のある学生支援ガイドブック──確かな学びと充実した生活をめざして』ジアース教育新社

日本学生支援機構（2017a）「平成 28 年度（2016 年度）大学，短期大学及び高等専門学校における障害のある学生の修学支援に関する実態調査結果報告書」https://www.jasso.go.jp/gakusei/tokubetsu_shien/chosa_kenkyu/chosa/__icsFiles/afieldfile/2017/11/09/2016report3.pdf（2018 年 4 月 1 日閲覧）

─────（2017b）「大学，短期大学及び高等専門学校における障害のある学生の修学支援に関する実態調査分析報告」http://www.jasso.go.jp/gakusei/tokubetsu_shien/chosa_kenkyu/chosa/__icsFiles/afieldfile/2017/09/22/2016_analysis.pdf（2017 年 12 月 1 日閲覧）

沖清豪（2017）「発達障害学生支援の現状と次のステップ」『大学教育学会誌』39（1），72-73.

大前晋（2012）「「大うつ病性障害」ができるまで──DSM-Ⅲ以前の「うつ病」（内因性抑うつ）と現代の「うつ病」（大うつ病性障害）の関係」『精神神経学雑誌』114（8），886-905.

障害学研究編集委員会（編）（2017）『障害学研究 12　（発達）障害学生支援と合理的配慮提供の実際』明石書店

障がいのある学生の修学支援に関する検討会（2012）「障がいのある学生の修学支援に関する検討会報告（第一次まとめ）」http://www.mext.go.jp/b_menu/houdou/24/12/__icsFiles/afieldfile/2012/12/26/1329295_2_1_1.pdf（2018 年 3 月 20 日閲覧）

高橋知音（2012）『発達障害のある大学生のキャンパスライフサポートブック──大学・本人・家族にできること』学研教育出版

高橋知音（編）（2016）『発達障害のある大学生への支援』金子書房

田倉さやか・藤井克美（2015）「発達障害学生の支援体制構築と支援内容の課題と展望──日本福祉大学における取り組みから発達障害学生支援を考える」『障害者問題研究』43（2），99-106.

渡部みさ（2017）「公立大学における発達障がい学生への支援──首都大学東京における現状と課題を中心に」『大学教育学会誌』39（1），62-65.

WHO（World Health Organization）（編）／中根允文・岡崎祐士・藤原妙子・中根秀之・針間博彦（訳）（2008）『ICD-10 精神および行動の障害──DCR 研究用診断基準』（新訂版）医学書院（World Health Organization（1993）*The ICD-10 Classification of Mental and Behavioural Disorders: Diagnostic Criteria for Research*, World Health Organization.）

吉武清實（2017）「発達障害学生支援をめぐる諸問題」『大学教育学会誌』39（1），70-71.

*　本章は，初年次教育学会第 10 回大会のラウンドテーブル「初年次教育と発達障がい学生支援」での話題提供内容をもとに，大幅に加筆修正したものである。

8章 理工系分野における初年次教育と入試の改革
―― 主体的な学生を育てるために

塚越久美子・菊池明泰

1 理工系分野における初年次教育

理工系分野に求められる人材育成のあり方と初年次教育

　近年著しい科学技術の発展とともに，産業界が大学教育に求める人材育成のあり方も高度化している（文部科学省 2016a）。特に理工系分野におけるイノベーションが急速に進展しており，AI（人工知能），ロボット，IoT（モノのインターネット）などの技術分野の中心を担い，さらにその技術を社会実践につなげる人材育成への期待や要請が高まっている（東京大学 2017）。
　中央教育審議会（2008）「学士課程教育の構築に向けて（答申）」において学士課程教育の中に「高等学校や他大学からの円滑な移行を図る」教育プログラムとして正式に位置づけられた初年次教育も，山田（2013）が述べるように「多様化の多様化」段階に入りつつある。高校から大学への橋渡しとしての役目だけではなく，「初年次教育の成果は学士課程全般の教育への基盤となり，成果につながる」という視点から，初年次教育の役割を捉えなおし，個々の大学がめざす人材育成プログラムの開発を進める必要がある。
　本章では，北海道科学大学（旧北海道工業大学，以下，本学とする）で実施したカリキュラム改編による教養教育改革と，それに対応した入試制度改革の事例を取り上げ，①学習支援や汎用的技能の養成から学士課程教育の基盤へとその目的を転換した初年次教育，②理工系・医療系における初年次教育の課題，③アドミッション・ポリシーに適う学生を確保する入試制度，そして④今後の初

年次教育のあり方について検討したい。

「大学設置基準の大綱化」以降の理工系分野のカリキュラム

まず，理工系大学のカリキュラムの現状について整理しよう。2003年の中教審大学分科会「大学における教育内容等の改革状況について」によると，1991年の大学設置基準の大綱化以降，およそ9割の大学でカリキュラム改革が実施された（中央教育審議会大学分科会 2003）。改革の上位にあるのが「くさび型教育課程」すなわち，「専門教育，教養教育とも4年間を通じて履修できるカリキュラム」（中央教育審議会 2002）の導入である。

増田・坂口（2017）は「理系分野の学びは一般的に『積み上げ式』と言われ，基礎的な内容から専門的な細分化された領域への学びが進むように，カリキュラムがデザインされている」と言う。また神野・若原（2013）は「らせん型教育」という用語により，理工系の専門分野の学びが，初年次から上級学年に向かって知識と実践を積み上げながら，スパイラルアップされていく構造を表現している。

多くの理工系学部では，初年次から教養教育の中に「専門教育の基礎科目」または「専門基礎科目」が配置されている。東京大学（2017）の例にあるように，教養科目の数学，物理，化学等を各専門分野に特化し，その知識の習得を目標とする科目もある。本学では，「技術者の倫理」「工学基礎」「電気回路入門」「工業英語」「医療文化比較論」など，専門知識の裾野を広げるための専門教育科目が配置されている。

北海道工業大学の大学改組とカリキュラム改革

北海道工業大学は2001年度，教育理念を「ヒューマニティーとテクノロジーの融合」と改め，カリキュラム改革を実施した。しかし当時は工学部6学科と医療工学科が，それぞれ独自に教養科目と専門基礎科目，専門科目を取り混ぜ，学科の特色を出した，いわゆる「縦割り」のカリキュラムであり，教養科目は専門科目のすき間に，開講時期も無秩序に配置されていた。その後2005年度，2009年度と，カリキュラムが完成年度を迎えるたびに学部・学科組織を再編したが，カリキュラムは専門教育を柱とした科目配置に留まっていた。

なお，2005年度の改編時は，まだリメディアル教育や初年次教育の概念が浸透していない状況であったので，大学全体での補習教育や学修支援の体制は

導入されていなかったが，先駆的なポートフォリオを導入し，4年間を通じて学修状況を学生・教員双方向からwebで記録するシステムが作られた（苫米地2009）。このシステムは現在まで存続しており，クラス担任による「ポートフォリオ面談」によって，基礎学力が低い学生や，大学での学びになじめない学生のケアに有効に利用されている。

2 北海道科学大学における初年次教育の転換

教養教育改革による初年次教育の転換

2014年4月，本学は名称を北海道科学大学に改め，工学部，未来デザイン学部に加えて，既存の臨床工学科，義肢装具学科と，新設の看護学科，理学療法学科，診療放射線学科を合わせた保健医療学部を設けた。大学のブランドビジョンを「北海道ナンバーワンの実学系総合大学を目指す」と定め，スローガンに「プラス・プロフェッショナル（+Professional）」を掲げて，「専門分野の知識の前提となる基盤能力を身につけた人材の育成」を教育目的とした。実学を身につけ，実社会，とくに地域に貢献する人材を育成する大学を標榜している（2018年より薬学部を開設）。

この改組で教養教育は「+Professional」の「+」の前にあるもの，つまり「専門分野の知識や能力を社会につなげていく力の前提となる基盤能力を養う」教育と位置づけられている。初年次教育はそれまでの学習支援や汎用的技能の養成から，学士課程教育全体を通じて培う基盤能力養成へ役割を大きく変えており，それにふさわしい教育内容への転換を迫られることになった。

表1は，中央教育審議会（2008）中の「各専攻分野を通じて培う「学士力」」と，2014年度に改編された新カリキュラムの，工学部と未来デザイン学部の基本教育科目の開講科目とを対応させたものである。なお保健医療学部も同様のカリキュラムだが，病院実習のために基本教育科目はすべて，2年生後期までの開講となっている。

科目名の末尾に「*」を付したものは新設科目であるが，特に「1. 知識・理解」の人間の文化，歴史，社会の成り立ちと機能の知識に関する科目数が増えた。「日本語表現法」のように汎用的技能を養う科目は，従来は初年次のみに開講されていたが，2～3年生の必修科目となり，専門分野の論文や「科学技術文書」の作成にまで達成目標が広げられた。「態度・志向性」を養う科目

表1 「各専攻分野を通じて培う「学士力」」と対応する授業科目および開講時期（工学部・未来デザイン学部）

各専攻分野を通じて培う「学士力」	授業科目	開講時期
1. 知識・理解 専攻する特定の学問分野における基本的な知識を体系的に理解するとともに，その知識体系の意味と自己の存在を歴史・社会・自然と関連付けて理解する． (1) 多文化・異文化に関する知識の理解 (2) 人類の文化，社会と自然に関する知識の理解	(1) 社会の理解Ⅰ（自然と環境）＊ 　　社会の理解Ⅱ（政治と経済） 　　社会の理解Ⅲ（国際と平和）＊ 　　社会の理解Ⅳ（法律と人権）＊ (2) 人間の理解Ⅱ（民族と宗教） 　　人間の理解Ⅲ（歴史と文化）＊	1年前期 1年後期 2年前期 2年後期 1年後期 2年前期
2. 汎用的技能 知的活動でも職業生活や社会生活でも必要な技能 (1) コミュニケーション・スキル 　日本語と特定の外国語を用いて，読み，書き，聞き，話すことができる． (2) 数量的スキル 　自然や社会的事象について，シンボルを活用して分析し，理解し，表現することができる． (3) 情報リテラシー 　情報通信技術（ICT）を用いて，多様な情報を収集・分析して適正に判断し，モラルに則って効果的に活用することができる． (4) 論理的思考力 　情報や知識を複眼的，論理的に分析し，表現できる． (5) 問題解決力 　問題を発見し，解決に必要な情報を収集・分析・整理し，その問題を確実に解決できる．	(1) 英語Ⅰ 　　英語Ⅱ 　　英語Ⅲ 　　英語コミュニケーション 　　工業外国語技能Ⅰ＊ 　　工業外国語技能Ⅱ＊ 　　日本語表現法Ⅰ 　　日本語表現法Ⅱ 　　日本語表現法Ⅲ＊ 　　日本語表現法Ⅳ＊ (2) 基礎数理Ⅰ 　　基礎数理Ⅱ 　　統計分析法 (3) 情報処理法 　　情報管理法 (4) プロジェクトスキルⅢ＊ 　　ビジネススキルⅠ 　　ビジネススキルⅡ (5) プロジェクトスキルⅠ＊ 　　プロジェクトスキルⅡ＊ 　　プロジェクトスキルⅢ＊	1年前期 1年後期 2年前期 2年後期 3年前期 3年前期 1年前期 1年後期 3年前期 3年後期 1年前期 1年後期 2年前期 1年前期 1年後期 2年前期 3年前期 3年後期 1年前期 1年後期 2年前期
3. 態度・志向性 (1) 自己管理力 　自らを律して行動できる． (2) チームワーク，リーダーシップ 　他者と協調・協働して行動できる．また，他者に方向性を示し，目標の実現のために動員できる． (3) 倫理観 　自己の良心と社会の規範やルールに従って行動できる． (4) 市民としての社会的責任 　社会の一員としての意識を持ち，義務と権利を適正に行使しつつ，社会の発展のために積極的に関与できる． (5) 生涯学習力 　卒業後も自律・自立して学習できる．	(1) 人間の理解Ⅰ（健康・運動） 　　人間の理解Ⅳ（心理・行動）＊ 　　自己管理と社会規範＊ (2) プロジェクトスキルⅠ＊ 　　体育実技Ⅰ 　　体育実技Ⅱ (3) 情報管理法 　　自己管理と社会規範＊ 　　他者理解と信頼関係＊ (4) 日本国憲法 　　他者理解と信頼関係＊ 　　地域活動と社会貢献＊ (5) プロジェクトスキルⅠ＊ 　　プロジェクトスキルⅡ＊	1年前期 2年後期 2年前期 1年前期 1年前期 1年後期 1年後期 2年前期 3年前期 2年前期 3年前期 3年後期 1年前期 1年後期

では3年後期の必修になっているものがあり，自分が市民として，一社会人としてどのように他者や社会と関わっていくのかを学ぶ。また，問題発見・課題解決能力を養う科目「プロジェクトスキルⅠ～Ⅲ」が1年前期から2年前期まで全学必修科目として導入された。

新カリキュラムにおける問題点

初年次教養科目は以上のように一新されたが，専門教育は引き続き「くさび型カリキュラム」で科目が配置されている。縦割りのカリキュラムに全学共通科目が無理やり横たわるように設置されたため，教養科目と専門科目が圧迫しあい少なからず問題が発生している。

国家試験合格が必須の学科においては，初年次からその試験対策に力を入れており，多くの学生が，専門分野の基礎知識習得と教養科目との学修に疲弊している。教員側も，課題解決型の科目に新しい教育手法を取り入れるために，授業準備に多くの時間を費やさざるを得ない。そもそも専門科目のみに時間を使いたいという学生に学士課程の教育の意義や有用性を理解させ，意欲を継続させることに大変な苦労を強いられる。ほぼ非常勤講師頼みの科目も多数あり，人員不足解消と，教養と専門を有機的に連携させることが，このカリキュラムを運用していく上で最も大きな課題である。

全学初年次ゼミナールの開設へ

本学は2017年度新学部・新学科の完成年度を迎え，2018年度より新々カリキュラムに移行した。表1で示したカリキュラムを基本に，新たに「フレッシュマンセミナー」を1年生前期全学必修科目として開講した。フレッシュマンセミナーは各学科の専門教員が担当し，一般的なスチューデントスキル，スタディスキル習得に加え，専門分野の基礎知識，職業に関する知識の習得など，各学科独自のプログラムが取り入れられた。その意味では一般的な初年次教育というより専門への導入教育科目の色が濃い。ここでも教養と専門が有機的に連携し，並行して開講される基本教育科目の「汎用的技能」科目と重複しないシラバスづくりが必要となる。

前掲の増田・坂口（2017）は2015年に新設された東京大学の理工系1年生必修科目「初年次ゼミナール」のテキストであるが，シラバス設計の段階から教養教員と専門教育の教員が連携して，汎用的技能と最先端の専門教育を体験

するプログラムを開発している。今後の理工系初年次教育を開発するにあたり，一つのモデルとして大変参考になろう。

次節では，上記のような学士課程教育の中で主体的に学ぶことができる学生を受け入れるために開発された，新しい AO 入試制度「新ガリレオ入試」の概要を紹介し，その導入による初年次教育変革の可能性について述べる。

3　主体的な学生を選考する新しい AO 入試制度

新ガリレオ入試導入でめざす新たな人材育成

新ガリレオ入試とは，本学における新しい AO 入試制度である。導入の端緒は 2014 年の中教審答申「新しい時代にふさわしい高大接続の実現に向けた高等学校教育，大学教育，大学入学者選抜の一体的改革について」，および翌 2015 年の文部科学大臣決定の「高大接続改革実行プラン」において従来の個別選抜方法の見直しが提言されたことにある。そこでは入試の評価項目を「知識・技能」，「思考力・判断力・表現力」，「主体性・多様性・協働性」の視点で多面的・総合的に判定すべきという考えが示されている。

本学も新たな課題を用いて学力以外の能力，すなわち自ら問題を発見する力，自らの考えを表現する力，他者と協働する力を評価する新しい入試制度導入を目指すことになった。これは文部科学省の方針に沿うという目的もあったが，同時に，本学のブランドビジョンである「実学系」に適う人材の早期確保を意図していた。そのため，設計時の基本方針を，①高校生に実学を意識した理工系・医療系の学びを体験させること，②受講生が自らの学びを記録し成長できること，③学力だけでなく多面的・総合的に評価し，その結果を受講生にフィードバックすること，④他大学に先駆けて導入すること，の 4 点とし，早期に導入可能な全学部の AO 入試で新制度を適用した（菊池・細川・塚越・碇山・中島・石田・林 2017）。

新ガリレオ入試の概要と評価方法

この制度は，従来の AO 入試に参加必須の体験型セミナーを組み込んだものである。正式な入学試験は，志望動機や志望学科で学ぶ内容に関する 20 分のプレゼンテーションと個人面談で判定するが，出願許可を得るには，3 回のセミナー参加を必須としている。

評価項目（4項目）
・講義をもとにしたレポート
・集団討論（教職員で評価）
・実験・実習とプレゼンテーション
ルーブリック評価

・集団面談（1グループ5名程度）

多面的・総合的評価をもとに出願許可判定

図1　新ガリレオセミナー　評価項目

集団討論後のレポート作成

セミナーは工学部，保健医療学部，未来デザイン学部のそれぞれで，探求型のテーマを設定する。3回のセミナーは，テーマについての講義を聴いてレポートを作成し，集団討論で仮説を立て，実験・実習により仮説を検証するという流れであり，理工系の学び，研究方法を体験できる内容となっている。

図1に示すように，評価対象となるレポート，集団討論，実験・実習については，それぞれのルーブリックを開発し，評価とフィードバックに用いた。西岡・石井・田中（2015）が述べているように，パフォーマンス評価においては，何をどのように評価するのか（されるのか）を評価者と受講生双方に明確に示すことが重要である。このルーブリックのフィードバックにより，公平公正な評価を担保する入試であることを受講生にアピールできた。

さらに，ポートフォリオとなる「新ガリレオノート」（図2〜4）を受講生に配付して，自身での振り返りを可能にするとともに，図4のように，達成目標と評価の観点を示したチェックリストをあわせて用いることで，課題提出前に達成度を自己評価できるようにした。

初回のセミナーでは，学部別のテーマに関する講義と集団面談，レポートの書き方の講義を行う。その後，2回目のセミナーで行う集団討論のためのホームワークも提示して，各自があらかじめ調査内容をノートにまとめるよう指示する。

2回目は，講義をもとにした集団討論とレポート作成を行う。ここでは，初回で提示されたテーマについて，1グループ6名で集団討論を行う。それぞれが事前に調べた内容を発表し合い，お互いの意見を聞きながら議論を深める。受講者のコミュニケーション力について，傾聴や発言などの観点により，1グループに2名の評価者がルーブリック評価を行う。その後，講義と討論をもと

講義ノートをとろう

　第1回セミナーでは、学部ごとのテーマに沿った講義が行われます。次回のセミナーでは、本日の講義や当日の集団討論をふまえてレポートを書いてもらいますので、講義内容をしっかり理解しようと思いながらノートをとってください。
　ノートをとるのは、あとで講義の内容を再現し、自分でもう一度考えてみるためです。そのためには、**板書をただ書き写すのではなく、話を耳で聞いて、考えながら、大事だと思うことを書きとることが重要**。きれいに書こうなんて思わず、記号や図、関係を表す矢印なども使って素早く、自分自身が理解できるように書いていくのがポイントです。
　また、疑問点や考えたこと、あとで調べてみたいと思ったことなども、メモしたり、線を引いたりしながらノートをとるクセをつけるようにしましょう。帰ってからノートの内容の要点を文章にしてみると、自分がどれだけ理解しているかの確認もでき、記憶にも残りやすくなります。
　社会に出た時にも必ず役立つノート術を、この機会にぜひ身につけてください。

新ガリレオノートは、みなさんの「ポートフォリオ」になります

　「Portfolio（ポートフォリオ）」とは、日本語に直訳すると「紙ばさみ」「書類入れ」という意味です。具体的には、勉強を進めていくときの調査内容や学習内容を記録していくファイルをこう呼びます。
　結果（成果物）やテストだけでは測れない、個々の学びや成長を総合的に評価する方法であると同時に、みなさん自身が客観的に自己評価しながらステップアップしていくためのツールでもあります。
　この新ガリレオノートは、みなさんの活動の記録を残す「ポートフォリオ」になるよう設計されています。ノートをとるだけでなく、考えた事や調べた事、グループで話し合った内容や思いついたアイディアのスケッチなど、自分らしさを発揮して充実したポートフォリオをめざしてください。

図2　新ガリレオノート（ノートの使い方）

ホームワークノート

きちんと準備できましたか？
Homework
次回までに調べてくること
&その結果

氏　名　　　　　　　　　　エントリーNo.

NOTE

図3　新ガリレオノート（ホームワークの記録）

✓ Check!　レポート作成のチェックリスト

1	**理解力** 講義内容を正しく理解することができる	☐ 講義のキーワードがすべて盛り込まれている ☐ それぞれのキーワードの説明が正確である
2	**論理的思考力** 講義内容を論理的な構成でまとめることができる	☐ 序論・本論・結論の構成ができている ☐ それぞれの章に書くべき内容が正しく書けている
3	**考察力** 課題に対する独自の考察を述べることができる	☐ 講義中に提示された課題について正しく説明している ☐ 課題に対する自分の考えを述べている
4	**表現力** 正しい日本語表現により文章を作成することができる	☐ 主語・述語の呼応が正しい ☐ 言葉を正確に使っている ☐ 改行して段落をつくっている ☐ 文体が常体で統一されている（話し言葉が混ざっていない） ☐ 誤字・脱字がなく丁寧に書いている

図4　新ガリレオノート（レポート作成のチェックリスト）

に，まとめのレポートを作成する。レポートは採点し，後日ルーブリック評価表を添付してフィードバックする。

3回目は，それまでの課題内容を整理し，それぞれが立てた仮説を実証するための実験・実習を行う。学部ごとに分かれ2～3時間程度で，自分たちで考えた方法で実験を行い，仮説の検証を行う。また未来デザイン学部の課題で，実験で証明できないような場合は，グループ同士でさらに議論を深め，課題に対するより具体的な解決策を導き出していく。最後に大学の研究発表に似せたグループごとの発表時間を設け，将来の学びを疑似体験できるようにしている。

以上のように，それぞれのセミナーで，異なる観点から評価をすることによって「多面的・総合的評価」を実現することができた（菊池 2017a）。セミナー受講生にとっては，問題を発見し，その解決方法を見つけ出し，それを自らの考えで検証していくという，高校の授業スタイルとは異なる「大学での主体的な学びの方法」や研究方法が体験でき，大学生活をイメージできることが大きなメリットである。

アンケート調査に見る受験生の学びに対する意識

新ガリレオ入試の導入当初から，受講生に対し無記名でのアンケートをセミナー最終日に実施している（選択式。一部複数回答，記述回答あり）。以下，図5～7に2016年度から2018年度のアンケート結果の一部を示す。

セミナーの受講理由は，セミナーを通じて「自分の意欲を示せると思った」「チャレンジしてみたら自分が成長できると思った」のように，能動的な理由で受講した生徒が多かった。自分にとってプラスになった点については，2018年度の場合，集団討論という回答が最も多かった。高校の授業で集団討論の経験がない生徒も相当数いるため自由記述では「得意ではない」という意見もあったが，セミナーを通じて成長できたと感じていることがわかる（菊池 2017b）。実際に，集団討論の場面では，積極的に会話し自分の意見を述べている生徒が多く見られた。

2016年度の入試より3年間，新ガリレオ入試を実施してきたが，初年度から現在に至るまで，受講生ほぼ全員が非常に積極的で，高い協働性を持っている。2017年度は高校側に広く周知されたこともあり，初年度の5倍近い160名弱の生徒が受講した。従来のAO入試と比較すると，生徒にとってはかなりの時間と労力を要する入試であるにもかかわらず受講生が増加しているとい

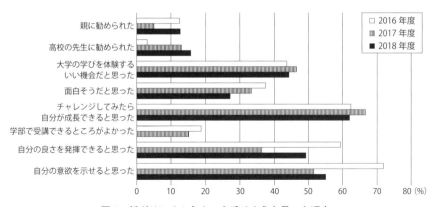

図5 新ガリレオセミナーを受けようと思った理由

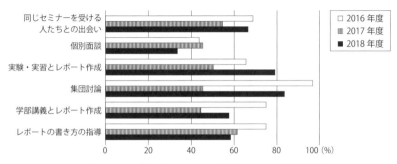

図6 自分にとってプラスになった，成長できた点（複数回答）

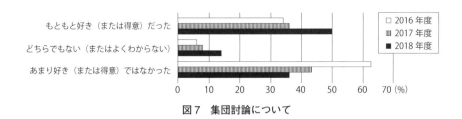

図7 集団討論について

う事実は，多面的・総合的に評価される入試に挑戦したい高校生が少なからず存在することを示している。

　このことは，高校在学中にすでに主体的に学ぶ意欲や，問題解決力が身につく素地が形成されていることによるものなのか，引き続き検証する必要があるが，現行のセミナー内容を概ね維持しつつも，評価の精度を高めながらこの入

試制度を継続していく予定である。

4　入試改革から初年次教育改革へ

　新ガリレオ入試の入学生は大学での学びに対する意欲が非常に高く，将来の目標設定も大変明確である。学内の行事や課外活動，ボランティア活動などに積極的に参加して，学科内のキーパーソンとなっている者も多い。

　2017年度の入学時学力調査の成績を一般入試の入学生と比較すると，残念ながら基礎学力は低い傾向があり，従来のAO入試入学生と同程度に留まった。しかし出席状況や授業態度は目立って良い学生が多く，専門科目はもちろんのこと，教養科目にも意欲を示し成績も上位に入る学生がほとんどである。まだ新ガリレオ入試での入学生が少ないため，正確な比較はできていないが，旧AO入試の入学生よりGPAが高いと見られる。新ガリレオ入試で評価された能力や資質，専門分野に対する高いモチベーションが，基礎学力不足というハンディを補うことができるよう，入学後の学修状況を継続的に調査し，教育効果の測定，自己評価を進める予定である。

　本学はここ15年来，大学の存続をかけてさまざまな改革を実行してきた。2014年の大改革以降，入学者数は定員を満たし，その学力も上昇している。そして新ガリレオ入試の導入により，ようやくバランスよく本学の三つのポリシーに適う人材を確保できる可能性が見えてきた。

　2018年度より，学士課程全体を支える教養教育組織として「全学共通教育部」を設置し，初年次教育にかかわる体制の見直しが実施されている。入試改革によりこれまでにないタイプの学生を迎えるにあたって，それにふさわしい新しい教育手法の研究，教員の教育能力向上という課題に向けて，さらに研究・開発を進めていきたい。

[参考文献]
中央教育審議会（2002）「新しい時代における教養教育の在り方について（答申）」文部科学省
―――（2008）「学士課程教育の構築に向けて（答申）」文部科学省
―――（2014）「新しい時代にふさわしい高大接続の実現に向けた高等学校教育，大学教育，大学入学者選抜の一体的改革について――すべての若者が夢や目標を芽吹かせ，未来に花開かせるため

に(答申)」文部科学省
中央教育審議会大学分科会(2003)「大学における教育内容等の改革状況について」文部科学省
神野清勝・若原昭浩(2013)「らせん型教育の実践現場から見た高専の高度化のための提言」『工学教育』61(1),228-231.
菊池明泰(2017a)「AO入試「新ガリレオセミナー」」『文部科学 教育通信』407,16-17.
─── (2017b)「AO入試「新ガリレオセミナー」のためのルーブリック評価」『文部科学教育通信』409,22-23.
菊池明泰・細川和彦・塚越久美子・碇山恵子・中島寿宏・石田眞二・林孝一(2017)「AO入試における多面的評価の導入──ルーブリック評価を用いた入試制度の構築」『大学入試研究ジャーナル』27,23-28.
増田建・坂口菊恵(編)(2017)『科学の技法──東京大学「初年次ゼミナール理科」テキスト』東京大学出版会
文部科学大臣決定(2015)「高大接続改革実行プラン」http://www.mext.go.jp/b_menu/shingi/chukyo/chukyo12/sonota/__icsFiles/afieldfile/2015/01/23/1354545.pdf(2018年6月24日閲覧)
理工系人材育成に関する産学官円卓会議(2016)「理工系人材育成に関する産学官行動計画」http://www.mext.go.jp/component/b_menu/shingi/toushin/__icsFiles/afieldfile/2016/08/02/1375040_01.pdf(2018年2月4日閲覧)
文部科学省(2015)「理工系人材育成戦略」http://www.mext.go.jp/component/a_menu/education/detail/__icsFiles/afieldfile/2015/03/13/1351892_02.pdf(2018年2月4日閲覧)
西岡加名恵・石井英真・田中耕治(編)(2015)『新しい教育評価入門──人を育てる評価のために』有斐閣
佐藤望(編)/湯川武・横山千晶・近藤明彦(2012)『アカデミック・スキルズ──大学生のための知的技法入門(第2版)』慶應義塾大学出版会
スティーブンス,D. D. & レビ,A./佐藤浩章(監訳)(2014)『大学教員のためのルーブリック評価入門』(高等教育シリーズ)玉川大学出版部(Stevens, D. D. & Levi, A. (2013) *Introduction to Rubrics: An Assessment Tool to Save Grading Time, Convey Effective Feedback, and Promote Student Learning*, 2nd ed. Sterling, Va.: Stylus.)
東京大学(2017)「平成28年度工学分野における理工系人材育成の在り方に関する調査研究──未来の産業創造・社会変革に対応した工学系教育の在り方に関する調査研究」http://www.mext.go.jp/component/a_menu/education/detail/__icsFiles/afieldfile/2017/07/06/1387667_01.pdf(2018年2月16日閲覧)
苫米地司(2009)「北海道工業大学における高大連携教育とポートフォリオの実践について」『リメディアル教育研究』4(2),150-154.
山田礼子(2013)「日本における初年次教育の動向」初年次教育学会(編)『初年次教育の現状と未来』世界思想社,pp. 11-27.

9章 キャリア教育の現状と新たな取り組み

藤本元啓

1 答申等によるキャリア教育の定義と考え方の推移

キャリア教育の理解については,大学や教職員個人によって様々であり,就職支援や体験活動(職場体験)を重視する大学も多い。まず,これまでのキャリア教育に関する考え方の推移をおおまかに整理しておきたい(表1)。

表1 キャリア教育に関する中央教育審議会答申・報告書等

	答申・報告書等	内容
①	中央教育審議会(1999) 「初等中等教育と高等教育との接続の改善について(答申)」	望ましい職業観・勤労観及び職業に関する知識や技能を身に付けさせるとともに,自己の個性を理解し,主体的に進路を選択する能力・態度を育てる教育
②	経済産業省(2003) 「若者自立・挑戦プラン」 文部科学省・厚生労働省・経済産業省・内閣府合同の若者自立・挑戦戦略会議	若年者の働く意欲を喚起しつつ,全てのやる気のある若年者の職業的自立を促進し,もって若年失業者等の増加傾向を転換する教育
③	文部科学省(2004) 「キャリア教育の推進に関する総合的調査研究協力者会議報告書」	児童生徒一人一人のキャリア発達を支援し,それぞれにふさわしいキャリアを形成していくために必要な意欲・態度や能力を育てる教育,勤労観・職業観を育てる教育
④	中央教育審議会(2011) 「今後の学校におけるキャリア教育・職業教育の在り方について(答申)」	一人一人の社会的・職業的自立に向け,必要な基盤となる能力や態度を育てることを通して,キャリア発達を促す教育

そもそもキャリア教育の必要性が公的に述べられたのは，①においてであり，高等教育の学部段階での役割について，「初等中等教育における「自ら学び，自ら考える力」の育成を基礎に「課題探求能力の育成」を重視するとともに，専門的素養のある人材として活躍できる基礎的能力等を培うことを基本」とした。

②では，「若年者の雇用・就業の深刻な現状」，具体的には高い失業率，フリーターの増加，大学卒業無業比率の増加，高い離職率を背景として，その目指すべき人材像を「真に自立し，社会に貢献する人材」「確かな基礎能力，実践力を有し，大いに挑戦し創造する人材」とした。そのためには「教育・雇用・産業政策の連携を強化」「政策資源の重点投入」「官民一体となって総合的な人材対策を強化」することが不可欠とし，若年者層の雇用問題の解決の道筋をつけたのである。

また③は，初等中等教育におけるキャリア教育を推進していくための基本的な方向等を述べたものであるが，高等教育と接続するものであり意義深い。

そして周知のとおり，④によって，大学生の「社会的・職業的自立」を「教育課程の実施及び厚生補導を通じて培う」こと，つまり大学でキャリアガイダンス（職業指導）を組織的かつ計画的に取り組むことの義務化が示され，ここに大学と教職員との役割が大きく変化したのである。学士課程教育の活動全体を通じてキャリア教育を充実させ，学生が自己の適性や生き方を考え職業を選択し，円滑な職業生活に移行（大産接続）できるよう努めなければならない，と大学は建前としては理解した。そして，その対策としてのキャリア教育システムの構築に力を注ぐことになったのである。

さて①②③では，キャリア教育が勤労観や職業に関する知識・技能の育成中心，つまり進路選択や就職に力点が置かれており，就職支援に関するプログラムがキャリア教育と見なされていた感が強い。ところが④では，①②に向けて必要な基盤となる能力や態度の育成として見直され，「キャリア発達にかかわる諸能力（例）」，いわゆる「4領域8能力」に存する課題，および2003年内閣府「人間力」，2004年厚生労働省「就職基礎能力」，2006年経済産業省「社会人基礎力」等を検討・再構成して提示した「基礎的・汎用的能力」となった。それは分野や職種にかかわらず，社会的・職業的自立に向けて必要な基盤となる4つの能力（人間関係形成・社会形成能力，自己理解・自己管理能力，課題対応能力，キャリアプランニング能力）であり，「4領域8能力」を包含し整合性をもつもの

と説明されている（文部科学省国立教育政策研究所生徒指導研究センター 2011）。

そこで興味深いのが，大学設置基準改正施行前年の 2010 年 7 月に実施された「就業力育成に関する学長調査」（角方・松村・平田 2011）である。732 大学のうち 482 大学（65.8%）が回答したが，これによると就業力育成授業の実施状況は，複数回答（以下同じ）で「必修科目で実施」(38.6%)，「選択科目で実施」(73.9%)，「正課では実施していない」(11.8%) であった。回答した大学のうち約 430 大学がすでに正課科目としてのキャリア教育を行っていたのである。そのほかに「（現在の）就業力授業の担当者」「今後，就業力育成で重要な対策」「（今後の）就業力育成を担う人材」「（今後の）教育課程の変更」などの設問があるが，それらの集計からわかることは，大学がキャリア教育には可能な限り現有の教職員で対応し，初年次教育の強化と一般教育の見直しを図り，スペシャリストを自前で養成し，就職関係組織の再構築，地元企業との関係強化等々を目指していたことである。しかしこれらの施策は今日において，うまくいっているのだろうか。このような問題意識のもとキャリア教育の現状を概観しておきたい。

2　キャリア教育の実施体制

前節の答申等によって，大学でのキャリア教育が拡大しはじめるわけだが，大学にとってもっとも重要なことは就職（内定）率という数字であった。あたかもそれがキャリア教育の成果であるかのように，就職実績 99%，100% などの数字が大学の入試案内やホームページのトップを飾ることになった。

筆者は今日の大学におけるキャリア教育の実施体制について，おおよそ以下のように考えている。

- 従来の就職部の業務そのまま，あるいは特別講座（面接，エントリーシート作成，SPI 対策など）を加えてキャリアセンターと改称し，職員やキャリアコンサルタント等が中心に運営する大学
- 正課科目としてキャリア教育を担当するキャリア（教育）センターを新設し，理論と実践の双方を教員，あるいは教職員が運営する大学（就職部の業務と分離する大学と，それらを統合する大学とが存在）
- キャリア教育を学士教育課程全体で推進する大学

キャリア教育を担当するのは，1999年答申にある課題探求能力の育成と基礎的能力を培うことを担う教員のはずだったが，そうはならなかった。日本の大学教員の多くが研究重視の傾向であるため，専門外のキャリア科目の担当はできない，やりたくない，あるいは大学教育・専門教育とキャリア教育とは別物と考えたのである。それは前節で記したキャリアガイダンスの義務化直前の「就業力育成に関する学長調査」の「今後の教育課程の変更」においても，就職支援・インターンシップ等の強化の割合が高く，カリキュラムや専門教育の見直しは低いものであったことからも理解できよう。

結局，就職部や進路部がキャリアセンター等に名称を変更し，従来の業務を最大限拡充して担うことになるのは自然ではあった。だがそれでは「就職支援センター」というイメージが強まり，大学が就職予備校化したと揶揄されても仕方がない。その業務であるインターンシップ，特別講座や研修等には，教室とは異なる実社会との出会いや体験はあるが，最終目標が就職一点にのみ置かれており，大学の教育課程とは別個の存在になっているとの批判もあろう。

しかし，これを正当化する考えもある。キャリア教育推進の背景について，表1③の「キャリア教育の推進に関する総合的調査研究協力者会議報告書」は，第一義的には「「学校教育と職業生活との接続」の改善，言い換えれば「学校から職業への移行」にかかる課題を克服する観点から要請された」と述べている。これは，2008年のリーマン・ショックによる就職状況悪化に悩む大学にとって，「若者自立・挑戦プラン」とともに，現実味を帯びた就職支援のためのキャリア教育として歓迎された。就職支援は大学の機能の一つであり，その成果が就職内定を得るすべての要素ではないにしても，実績を積み上げている大学も少なくない。それは大学の歴史と文化そして事情による判断の結果であるが，そこに少子化問題や全入時代をどう切り抜けるかという「大学の生き残り」戦略があることは言を俟たないであろう。

一方でキャリア教育センターと，あえて「教育」を冠したセンターもある。これは大別して，(1) キャリア教育科目を担当するセンター，(2) 就職支援を主とするキャリアセンターとキャリア教育科目と就職支援の双方を担当するセンターの2類型があり，(1) の類型を採用している大学が多いとみられる。

(1) では，例えば立命館大学キャリア教育センターは共通教育推進機構に属し，教養教育センターとサービスラーニングセンターとが並立した体制をとっている（立命館大学2017a）。ここではキャリア発達段階に応じた理論（全学型キャ

リア教育科目）と実践（インターンシップ，コーオプ演習）を行っている。またキャリア関係科目を特別講座などの不定期なガイダンスではなく正課科目として学年にあわせた全学部横断型で開講し，さらにはキャリア教育に関する立案・調査・研究や各学部学科独自のキャリア教育への支援等をも展開している。なお同大学ではキャリアセンターとの連携もあるというが，キャリア教育組織と就職支援組織との効果的な連携の具現化，つまり教職協働が課題となろう。

　（2）では，例えば琉球大学キャリア教育センターでは（琉球大学 2017），キャリア形成専任教員が担当する共通教育のキャリア関係科目（初年次教育としての「キャリア形成入門」，その後続科目として地域課題の発見・解決，海外でのキャリアや県内企業へのインターシップ等を題材とした科目群）の提供，および従来の就職活動の支援とを担っている。キャリア教育と就職支援を一体化した組織編成であり，他にこのようなスタイルをとっている大学に大阪教育大学のキャリア支援センターがあるが（大阪教育大学 2017），実施大学はきわめて少数とみられ，(1) 類型と同様な課題も存在するであろう。

3　キャリア教育の内容と具体例

　松尾（2012）は，一般的に大学のキャリア教育科目はその内容と目的によって，キャリアデザイン，キャリアガイダンス，インターンシップの三つに分けられるとしたが，最近ではインターンシップにコーオプ教育を加えたり，アントレプレナー（起業家精神）教育をおこなったりする大学もある。

キャリアデザインとキャリアガイダンス

　キャリアデザインには，自己理解，自己管理，コミュニケーション，キャリアプラン，職業理解などの内容があり，個人やチーム活動によって他者への理解を深めるなど，初年次教育の分野も含まれている。

　キャリアガイダンスは，企業関係者，教育産業，卒業生，就職部等の職員が正課科目の一部の授業コマや正課外プログラムにおいて，就職活動に直結する内容をゲストスピーカーとして担当することが多い。

　両者の内容に違いはあるものの，学内で実施しているキャリア教育としてとらえた場合，2014年度におけるキャリア教育の教育課程内と課程外との具体的な取組内容別の実施調査（回答数764大学）によると，実施率は図1のとお

りである。

　このように，勤労観・職業観，将来設計，資格取得・就職対策，企業関係者の講演など職業選択に収斂される内容と，社会や産業構造・労働実態に関するものとがあるが，後者の実施率は低い。前者が必要なことは当然だが，後者の現実社会の仕組みと実態とを認識したうえで前者をおこなうほうが，キャリア教育の有効性はさらに高まるものとみられる。

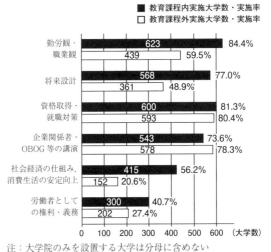

図1　2014年度キャリア教育の実施状況

　また3年次に実施する卒業研究室配属のための科目は，研究概要と実社会や企業との関連性，高度専門職や研究職を目指すための大学院進学など，より具体性をもった内容が盛り込まれ，また就職活動時期ともあいまってより効果的である。なお大学によっては，学部・学科と実社会との関係やそれに対する研究室の役割等を初年次教育科目として配当している大学もある。

インターンシップとコーオプ教育

　2015年度のインターンシップの実施状況調査（回答数753大学）によると，実施率は94.1％（713，大学数，以下同じ），そのうち単位認定をおこなう大学は92.3％（700），特定の資格取得（教職・看護・臨床等の実習）に関係しないものは73.2％（555）であり，インターンシップを実施する大学は年々増加傾向にある（文部科学省 2017a）。これは大学が就業観育成の実践プログラムとしての教育効果を重要視しているからにほかならないが，期待とは逆に学生の参加率は3.1％に過ぎない。この原因については派遣側の大学，受け入れ側の企業，参加者の学生それぞれに問題がある。主なものに，大学からすれば企業への丸投げプログラムとの認識が強いこと，そのため企業側では対応人員・労力の負担が大きいこと，そして肝心の参加学生に職業・就業意識や主体性が乏しいことなどが

挙げられている（宮城 2014）。

インターンシップの内容は，就業体験型と課題解決型に大別できる。

前者は企業や官公庁等で社会人としての基本や実務経験を学び体験することが主であり，必ずしも学生は専門分野に関連する業務に就くわけではない。期間は1～2週間ほどで，企業任せのプログラム，なかには企業の業務説明が中心で就業体験をともなわないものもあったが，最近は大学あるいは企業と合同による事前・事後の研修，活動記録（日報・まとめ等）の作成，また企業担当者に活動記録に対するコメントを求める場合が増えている。また低学年から高学年に向けて徐々に高度化するプログラムを複数回配置するなど，体系化した教育プログラムを運用する京都産業大学の「キャリア形成支援プログラム」は，キャリア教育のコンテンツのみならず，発展的展開を示す事例として参考となろう（杉本 2014）。なお近年では企業説明会まがいの「1Dayインターンシップ」と称するものがあるなど，問題も存在する。

後者は学生の専門性に沿ったもので，企業が抱える問題や課題を解決するプログラムである。これは通常，長期間（8週間，もしくはそれ以上）の現場実習を含んでおり，企業が単独で実施する場合と，大学と企業とが連携して実施する場合とがある。とくに後者をコーオプ教育といい，大学が主導，もしくは企業とともにプログラムを作成し，教室において課題を解決する時間を設けるなど，企業の負担を軽減することもある。全米コーオプ教育委員会では，「教室での学習と，学生の学問上・職業上の目標に関係する分野での有益な職業体験とを統合する，組織化された教育戦略。これにより理論と実践を結びつける漸進的な経験を提供する。コーオプ教育は学生，教育機関，雇用主間の連携活動であり，当事者それぞれが固有の責任を負う」と定義している（松高 2018）。

さらに理工系，とくに修士・博士の大学院生が企業の研究活動に直接関わるケースは，キャリア教育としての大産接続，専門教育にとどまらず，産学連携研究につながることがあり，大学・企業双方にとって大いに有益なものとなる。

しかし長期実習にともなう学生の時間の確保や企業の理解を得ることが難しく，この方式を実施している大学は少ない。そのため，企業提供の課題を学生がチームで解決するPBL（Project-Based Learning）型学修を採用する大学が増えている。これをプレ・コーオプ教育と仮称しておきたい。大学・学生側にとって，チーム活動をともなう課外学修時間は必要であるが，正規の授業時間帯で活動できること，実施学年次までに修得した専門知識・スキルを用いて実社

会・企業等の具体的な課題や問題の最善解を導き出すことなど教育効果は高い。一方企業にとっても、すべての授業時間で学生の指導を担当せずともよく、学生とのコミュニケーションも図れ、自社の紹介や若手社員の研修を兼ねることができるなどメリットは大きいといえよう。

アントレプレナーシップ教育

この教育を経済産業省（2015）は、「起業家精神（チャレンジ精神、創造性、探究心等）と起業家的資質・能力（情報収集・分析力、判断力、実行力、リーダーシップ、コミュニケーション力等）を有する人材を育成する教育」と説明している。また文部科学省（2016）では、起業家精神や起業家的資質・能力は、「起業家や経営者だけに必要なものではなく、どのような立場であっても社会で活躍するために求められるもの」としている。

例えば立命館大学では、自立的で創造的な人材やアントレプレナーシップに満ちた人材の育成と輩出とを目的とした「産学協同アントレプレナー教育プログラム」を展開している（立命館大学 2017b）。この成果であるビジネスコンテスト、企業とのコラボレーション、学生の起業などをもとに、経営学部のインテンシブプログラムとして「産学協同アントレプレナーシップ教育プログラム」を開講し、起業をおこなう人材にとどまらず、企業や非営利組織・行政でアントレプレナーシップを発揮する人材の輩出を目指している。

4　新たなキャリア教育への模索

結局キャリア教育をどのように考えたらよいのであろうか。ここまでキャリア教育を概観してきたが、その目標をいまのところ以下のように整理しておきたい。

- 「解のない問題」に取り組み、最適解を導くために必要な基礎的・専門的知識と汎用的能力・専門的能力とを修得すること
- それらの知識や能力を演習・実習や体験活動等の反復教育・学修によって実際に用い、技術や技能を問題解決のツールとして身につけること
- これらを活用して社会に貢献し、継続的な将来設計（キャリアデザイン）をおこなえるように育成すること

以上の整理は，2006年に「全入時代を迎えた大学が直面するキャリア教育の課題」（私学高等教育研究所）において，濱名・川嶋らが提言した内容とほとんど変わらない（濱名2008；川嶋2008）。学生を取り巻く環境が急変したわけではないので，それは当然なことであり，多くの大学がこれらの目標に向かってキャリア教育を実施していることは間違いない。問題は，それから10年経過した今日，それらの実践をどのレベル（大学・学部・学科カリキュラム全体，キャリア教育科目群，個々の科目単独）でおこなっているのか，またその成果をどのように測定し評価すべきなのかである。

　そもそもそれらの精確な実施形態の把握や，成果を評価すること自体が難しい。ただ所感として述べるならば，キャリア教育を先導する大学は別として，今日に至っても多くの大学では理論や必要性は理解しても形式ばかりが先行し，実践しているというにはほど遠く，暗中模索の状況下にあるとみられる。とくにキャリア教育は就職支援そのものであり大学の教育ではない，つまり教員の仕事ではない，との意識がいまだに払拭されていないのではないか。財源の問題のほかに，キャリア教育を含めた現在の大学教育そのものに対する学内調整の難しさを思い知らされるのである。

　そのようななか，近年，新たな試みのひとつとして注目されるのが，初年次学生が前学期から企業提供の課題をチームで解決・発表し，企業が評価する体験型学修講座を提供する「Future Skills Project 研究会」の活動である（安西2013）。初年次学生を対象とするため発表内容は思いつきレベルが多いというが，高等学校までの学習と大学での学修との違いを早々に体験し，不足する知識やスキルに気づかせるなど，今後の修学へのモチベーションを高める意味で有効な方略である。課題のひとつに，協力する企業の確保がある。地方の大学ではより困難であろうから，地元産業界と連携する努力とそれを促進する自治体の協力とが一層必要となろう。それ以上に重要なのは，この方略を単発で終わらせるのではなく，いかにして上級学年の学修につなげることができるかである。つまり，初年次教育としてスタートするキャリア教育と専門教育とを接続・融合する意味を大学全体で理解し，そうしたカリキュラムを構築できるかにある。繰り返しになるが，今日の学士課程教育に対する教職員の意識改革，カリキュラム改革，さらには組織改革が求められるところである。

　一方，2019年度には，今後の成長分野を見据えた専門職業人の養成を目的とする「専門職大学・短期大学」の設置が始まる（文部科学省2017b）。恐れずに

述べると，それは職業教育がキャリア教育を急速に吸収していく可能性を秘めている。しかし，いまの学生が社会の中堅として活躍するであろう 20 年後には，現在の職業の約半数が機械や AI（人工知能）によって代替されるといわれ，いまは存在しない職業に就く可能性があるなどと予測されている。そうすると，学生が現在学んでいる，あるいはこれから学ぼうとする領域に関する職業の存在自体も気がかりである。

　中央教育審議会大学分科会大学教育部会（2012）は，「生涯学ぶ習慣や主体的に考える力を持ち，予測困難な時代の中で，どんな状況にも対応できる多様な人材」の養成を提唱しているが，大学の執行部，教職員はいったいどの程度の問題として認識し，具体的な教育施策に反映して実行しようとしているのだろうか。

　これまでのように，カリキュラムからなかば独立したようなキャリア教育を行うのではなく，専門教育課程との連携・統合や，正課と正課外教育全体を横断する新たなキャリア教育（CAC：Careers Across the Curriculum）の構築，あるいはまったく別の発想による教育体系の模索が必要なのかもしれない。そして高大接続改革の次には，初等・中等・高等教育課程の再編が待ち受けていると考えている。

[参考文献]

安西祐一郎（2013）「社会で活躍する人材を育てるために，学生が主体的に学び成長する機会をつくる」『VIEW21 大学版』特別号 https://berd.benesse.jp/up_images/magazine/P02-36.pdf

中央教育審議会（1999）「初等中等教育と高等教育との接続の改善について（答申）」文部科学省

───（2011）「今後の学校におけるキャリア教育・職業教育の在り方について（答申）」文部科学省

中央教育審議会大学分科会大学教育部会（2012）「予測困難な時代において生涯学び続け，主体的に考える力を育成する大学へ（審議まとめ）」文部科学省

濱名篤（2008）「キャリア教育をめぐる問題の所在」https://www.shidaikyo.or.jp/riihe/book/series/pdf/29hamana.pdf（2017 年 6 月 24 日閲覧）

角方正幸・松村直樹・平田史昭（2011）『就業力と大学改革──学長たちが語る就業力対策』学事出版

川嶋太津夫（2008）「大学教育とキャリア教育──その背景とあり方」https://www.shidaikyo.or.jp/riihe/book/series/pdf/29kawashima.pdf（2017 年 6 月 24 日閲覧）

経済産業省（2003）「若者自立・挑戦プラン」http://www.meti.go.jp/topic/downloadfiles/e40423bj1.pdf（2017 年 6 月 24 日閲覧）

経済産業省(2015)「「生きる力」を育む起業家教育のススメ——小学校・中学校・高等学校における実践的な教育の導入例」(http://www.meti.go.jp/policy/newbusiness/downloadfiles/jireisyu.pdf#search)(2017年6月24日閲覧)

松尾智晶(2012)「キャリア教育の効果と京都産業大学における新たな試みに関する一考察」『高等教育フォーラム』2, 17-23.

松高政(2018)「産学協働教育の新たな可能性」https://www.kantei.go.jp/jp/singi/keizaisaisei/miraitoshikaigi/suishinkaigo2018/koyou/dai3/siryou1.pdf(2018年6月26日閲覧)

宮城治男(2014)「長期インターンシップをカリキュラムに位置づける」『リクルートカレッジマネジメント』32(4), 6-11.

文部科学省(2004)「キャリア教育の推進に関する総合的調査研究協力者会議報告書——児童生徒一人一人の勤労観,職業観を育てるために」http://www.mext.go.jp/b_menu/shingi/chousa/shotou/023/toushin/04012801/002/010.pdf(2017年6月24日閲覧)

文部科学省(2016)「小・中学校等における起業体験推進事業」http://www.mext.go.jp/component/a_menu/education/micro_detail/__icsFiles/afieldfile/2016/08/03/1374266_001.pdf(2017年11月16日閲覧)

─── (2017a)「平成27年度大学等におけるインターンシップ実施状況について」http://www.mext.go.jp/component/b_menu/other/__icsFiles/afieldfile/2017/06/23/1387144_001.pdf(2017年10月7日閲覧)

─── (2017b)「専門職大学等の概要・特色」http://www.mext.go.jp/a_menu/koutou/senmon/1387235.htm(2017年11月30日閲覧)

文部科学省国立教育政策研究所生徒指導研究センター(2011)「キャリア発達にかかわる諸能力の育成に関する調査研究報告書」https://www.nier.go.jp/shido/centerhp/23career_shiryoushu/1-3.pdf(2017年6月26日閲覧)

文部科学省高等教育局(2016)「平成26年度の大学における教育内容等の改革状況について(概要)」http://www.mext.go.jp/a_menu/koutou/daigaku/04052801/__icsFiles/afieldfile/2017/09/06/1380019_1.pdf(2017年10月7日閲覧)

大阪教育大学(2017)「キャリア支援センター」https://osaka-kyoiku.ac.jp/career/gakusei/centertop.html(2017年6月25日閲覧)

立命館大学(2017a)「キャリア教育センター」http://www.ritsumei.ac.jp/cec/about/(2017年6月25日閲覧)

─── (2017b)「産学協同アントレプレナーシップ教育プログラム」http://www.ritsumei.ac.jp/ba/entre/outline/(2017年6月25日閲覧)

琉球大学(2017)「キャリア教育センター」https://career.lab.u-ryukyu.ac.jp/about/(2017年6月25日閲覧)

杉本和弘(2014)「京都産業大学 世界標準の産学連携教育を目指す「日本型コーオプ教育」」『リクルートカレッジマネジメント』32(4), 20-23.

初年次教育の実践的方法

第3部

10章　主体的・対話的で深い学びによる高大接続
―― LTD 基盤型授業モデルの提案

安永　悟

1　アクティブラーニングを基盤とした教育改革

　「主体的・対話的で深い学び」いわゆるアクティブラーニング（以下，ALとする）の必要性と有用性に関しては，多くの教育関係者が認めるところである。近年，小学校から大学までALの発想に基づいたさまざまな授業（AL型授業）が積極的に試みられている。この背景のひとつとして中央教育審議会によるいわゆる高大接続答申をあげることができる。高大接続答申では，我が国の教育界が取り組むべき課題として，学力の三要素（基礎的な知識および技能，思考力・判断力・表現力，主体的に学習に取り組む態度）の育成が不可欠であり，その達成に向け，ALを基盤とした教育改革の必要性が説かれている（中央教育審議会 2014）。この高大接続答申に沿って次期「学習指導要領」も改訂され，日本の教育界全体がAL型授業に取り組んでいる。国をあげてALを基盤とした教育改革が進んでいることは望ましいことである。

　この流れを定着させ，期待される教育成果をあげるためには，すべての関係者が，めざすべき教育目的を共有し，その達成に向けて連携協力する必要がある。本章ではこの視点に立ち，これからの教育目的を確認したうえで，協同学習の一技法であるLTD話し合い学習法の実践研究を通して考案した「LTD基盤型授業モデル」を手がかりに，AL型授業による高大接続について吟味する。

　次節では，現在社会で求められている汎用的能力の育成をめざした教育目的

を共有し，その達成にむけて協同学習が有効であることを確認する。第3節では，協同学習の基本的な考え方とLTDの概要を紹介し，LTD基盤型授業モデルを提案する。第4節では，LTD基盤型授業モデルを中核に据えた授業づくりの観点から授業実践を通した高大接続の可能性を検討する。

2 これからの教育

求められる協同実践力

現代社会は，科学技術の発展により国際社会が瞬時にかつ緊密に影響し合う時代となり，それだけに不確定な要素が増大し，先行きが見通せない社会となっている。この現代社会において，一人の人間として逞しく生き抜くために必要な資質・能力・態度の育成こそが，いまの教育に求められている最も重要な課題といえる。このような特性をもった人々を筆者は「現場で活躍できる人材」と呼び，これからの教育目的として掲げている（安永 2012）。彼らは，それぞれの現場で，より望ましい成果を求め，なすべき仕事について常に問題意識をもち，主体的かつ論理的に考え，自分の言葉で語り，仲間と交流して，物事の本質つまり根源を問い続けられる人である。

現場で活躍できる人材に共通する特性は，安永（2017）が提唱している「協同実践」の枠組みのなかで理解できる（図1）。協同実践とは「科学的探究」と「協同の精神」を前提とした実践である。

科学的探究とは図1に示した，問題発見，仮説生成・修正に始まり，計画，実行，測定，考察にいたるスパイラルとして表現できる。これは物事の本質を問い続け，新しいものを創り出すプロセスである。いわゆるPDCA（Plan-Do-Check-Act）サイクルとしても理解できる。この科学的探究の方向性や手段などを決定する際に，関連する基本的な知識や技能，それらを根底で支える理論や価値観が大きく影響する。

協同の精神とは「仲間と共有した目標の達成に向け，仲間と心と力をあわせて，いま為すべきことを見つけ，真剣に取り組む心構え」と表現

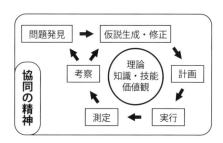

図1 協同実践：科学的探究と協同の精神を前提とした実践

できる（安永・須藤 2018）。時に利害が反し意見の食い違う他者をも含み，仲間として認めて協同するには，まず達成すべき目標を共有する必要がある。目標を共有できて初めて仲間として一致協力が可能となる。その際，協力し合う一人ひとりが自分の置かれた状況を主体的に判断し，いま為すべきことを見つけ，真剣に取り組むことが求められる。科学的探究の各ステップで十分な成果をあげるには仲間との一致協力が欠かせない。協同の精神を共有した者同士の交流により科学的探究の各ステップが効率よく回転し，大きな成果を期待できる。

現場で活躍できる人々はこうした協同実践を実行できる力，すなわち「協同実践力」を身につけていると考えられる。彼らは，主体的かつ能動的に学ぶ力に長けており，時代や社会の変化に応じて柔軟に対応でき，変化成長できる。この協同実践力は高大接続答申で謳われた学力の三要素を内包している。それまでに獲得した学力の三要素に基づき協同実践を遂行し，そのなかで，さらに学力の三要素が鍛えられるといった望ましい循環が期待できる。

ALの実践的定義

教育の目的が具体化すれば，それに相応しい教育の方法を選定できる。現場で活躍できる人材を協同実践力がある人材と想定すれば，従来型の教師中心で一方向的な授業では協同実践力の育成は難しい。学習者中心のALを組み込んだ授業が有効である。

AL流行のひとつのきっかけとなった中教審によるいわゆる質的転換答申では，ALを「教員と学生が意思疎通を図りつつ，一緒になって切磋琢磨し，相互に刺激を与えながら知的に成長する場を創り，学生が主体的に問題を発見し解を見いだしていく能動的学修」と定義している（中央教育審議会 2012）。また，日本におけるALの主導的な立場にある溝上（2014）は，ALを「一方向的な知識伝達型講義を聴くという（受動的）学習を乗り越える意味での，あらゆる能動的な学習のこと。能動的な学習には，書く・話す・発表するなどの活動への関与と，そこで生じる認知プロセスの外化を伴う」と定義している。溝上の定義は，ALを古くから唱えているボンウェルとエイソン（Bonwell & Eison 1991）やフィンク（Fink 2003）の定義とも通底しており，学術的な背景をもつ専門的な定義であり，ALの本質をよく表している。

しかしながら，専門的な定義は実践者（教師）にとって必ずしも分かりやすい表現とはいえない。上記の専門的な定義を読んだだけで，ALの本質を理解

し，教師中心で一方向的な従来型の授業から学生中心の AL 型授業に切り替える具体的な手立てを，実践者が主体的に考えることは難しい。実践者の主体的・能動的な AL 型授業づくりを促す，実践者にも分かりやすい AL の定義が望まれる。

この点に関して鹿内（2016）は「学習者の脳にスイッチを入れてあげること。学習者の脳をきもちよく回転させてあげること。教師がこれら 2 つのことをしてあげれば成立するのがアクティブラーニングである」と，AL の本質を平易な言葉で喝破している。この定義は実践者にとって分かりやすいばかりか，この定義を聴いた瞬間，AL が成立していたと思われる具体的な場面が，自らの体験のなかから自然と浮かび上がる。自分が関与したその場面を手がかりに，学習者の脳にスイッチを入れるためには，どのような創意工夫が効果的であるか，主体的かつ能動的に考え始めることができる。この実践的な定義により，実践者は自分の経験知に基づき，AL の本質を即座につかむことができ，AL 型の授業づくりに向け，主体的かつ能動的に取り組むことができる。

AL 型授業を支える協同学習

AL の具体的イメージが明確になれば，実践者の創意工夫により，効果的な AL 型授業が蓄積し，AL を中核に据えた教育改革の進展が期待できる。

しかしながら，真の意味で，AL 型授業の開発と実践に，実践者が主体的かつ能動的に関わり続け，教育改革を持続的に展開するためには，授業づくりの指針が必要となる。つまり，蓄積された実践の有効性を評価し，効果的な実践を体系化し，より望ましい授業づくりを方向づける考え方（理論）が必要となる。その理論として，現時点で最も高く評価されているのが協同学習（Cooperative Learning）である（安永 2009；溝上 2014）。

協同学習とは「協同して学び合うことで，学ぶ内容の理解・習得を目指すとともに，協同の意義に気づき，協同の技能を磨き，協同の価値を学ぶ（内化する）ことが意図される教育活動」である（関田・安永 2005）。つまり協同学習の本質は，協同の有効性を高く評価した教育理論であり，先に述べた協同の精神に基づく学習といえる。

協同学習には半世紀以上にわたり鍛えられた数多くの技法がある。バークレイら（2009）は小グループを活用した 30 の技法を「話し合い，教え合い，問題解決，図解，文章作成」の 5 つのカテゴリーに分けて紹介している。これらの

```
┌─────────────────────────────┐
│   授業＝学習指導 × 学生指導     │
├─┬───────────────────────────┤
│同│・認知：科目内容の理解と活用力 │
│時│・態度：協同の価値，動機づけ   │
│学│      学習・仲間・学校の見方  │
│習│・技能：協同の技能（対人関係スキル）│
│ │      学習スキル・読解スキル  │
│ │      対話スキル            │
└─┴───────────────────────────┘
図2 協同学習に期待される効果
```

技法はすべて AL の技法と呼ぶことができる。

協同学習に依拠した授業により，認知と態度と技能が同時に育つ（図2）。協同学習を導入した科目内容の理解と記憶，さらには活用力といった認知面が伸びる。

また，協同に対する認識などの態度面，さらには協同学習を遂行するために必要な技能も伸びる。したがって，協同学習を導入することにより，授業は学習指導の場であると同時に，学生指導の場としても活用できる（Millis & Cottell 1998）。

協同学習の理論と技法に基づき活動性の高い AL 型授業を展開することで，協同実践力を高めることができ，高大接続答申で掲げられた学力の三要素（基礎的な知識および技能，思考力・判断力・表現力，主体的に学習に取り組む態度）の育成も着実に展開できる。

3 LTD 基盤型授業モデル

協同学習に基づく授業づくりは多種多様であっていい。また，そうであることが望ましい。ここでは協同学習の代表的な技法のひとつであり筆者が長年検討してきた LTD による授業づくりを紹介する。最初に LTD の概要を説明し，そのうえで，LTD の効果的な導入法と活用法を検討するなかで考案した，LTD 基盤型授業モデルを提案する。

LTD 話し合い学習法

LTD（Learning Through Discussion）は，文字通り，討論を通して学びを深める学習法である。教材となる課題文をまず個人で読解し，そのうえで学習仲間との対話を通して，さらに読解を深める。LTD は協同学習の基本構造である個人思考と集団思考を織り込んだ理想的な文章読解の方法であり，対話法である（安永・須藤 2014）。

LTD の手順を表1に示す。この手順は LTD 過程プランと呼ばれており，8ステップで構成されている。個人での読解（予習）においても，集団での読解

（ミーティング）においても基本的に同じ手順に従う。ただし、ミーティングには全体で60分間という時間制限がある。

LTD過程プランは、授業実践上の制約を考慮して、柔軟にアレンジして活用することもできる。授業時間外に一人で課題文を予習して、授業時間内に60分のミーティングを行うのが標準型である。一方、LTDの基本的な理念やLTD過程プランそのものは担保しつつ、学習者の特性や授業時間などの制約を考慮し、実践方法をアレンジした方法が開発されている。その代表例として分割型LTDをあげることができる。分割型LTDは授業時間内に予習とミーティングをおこなう方法である。つまり、LTD過程プランのステップごとに、またはいくつかのステップをまとめて、対象となるステップの目的と方法を授業時間内で説明し、対象となるステップの予習とミーティングを同じ授業時間内におこなう方法である。この分割型LTDであれば45分授業の小学校でも、高学年が対象であれば効果的に実践できることが知られている（須藤・安永 2011）。

表1 LTD過程プラン（ミーティング用）

段階	ステップ	活動内容	時間
導入	step 1	雰囲気づくり	3分
理解	step 2	言葉の理解	3分
	step 3	主張の理解	6分
	step 4	話題の理解	12分
関連づけ	step 5	知識との関連づけ	15分
	step 6	自己との関連づけ	12分
評価	step 7	課題文の評価	3分
	step 8	ふり返り	6分

LTD基盤型授業モデルの開発

筆者らは、LTDの有効性と汎用性の高さに注目し、LTDを中核に据えた授業づくりを提案している。そのなかで創出したのがLTD基盤型授業モデルである（図3）。本モデルはLTDを体得することを目的とした「基礎段階」と、体得したLTDを積極的に活用する「応用段階」とに区別される。前者が「LTDを学ぶ段階」であり、後者が「LTDで学ぶ段階」である。

①**基礎段階** 本モデルの基礎段階は、協同学習の基本理念と技法を体験的に理解させ、そのうえでLTDを習

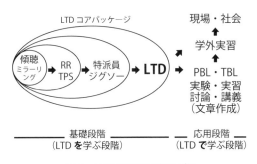

図3 LTD基盤型授業モデル

得させる段階である。表1に示したLTD過程プランは複雑な学習過程で構成されている。また，LTDミーティングは60分間，学習者のみで実践することが求められる。LTD過程プランに沿って個人で予習し，学習仲間と一致協力しながら60分間のミーティングを行うには，話し合う内容についての理解はもちろんのこと，仲間との学び合いに必要な協同の精神や，具体的な集団活動スキルの獲得が前提となる。

　これらの前提となる考え方やスキルを育成し，効果的にLTDを体得させるためのプログラムを，専門学校や大学における初年次教育での実践を通して構築した（安永・須藤 2014）。そこには，協同学習の基本的な技法である傾聴とミラーリング，ラウンドロビン（RR），シンク＝ペア＝シェア（TPS），特派員，ジグソー学習法が体系的かつ重層的に組み込まれており，LTDコアパッケージと呼んでいる（本パッケージに含まれる技法の簡単な解説を表2に示している）。

　このLTDコアパッケージは絶対的なものではない。これまでいろいろな技法を試みるなかで，LTDの実践力を高めるために有効であると判定された技法を選定し，学習者の変化成長に応じて適宜導入することを意図して構成したのがLTDコアパッケージである。今後，さらなる研究と実践を積み重ねるなかでパッケージの内容は変更され，さらに精緻化される可能性を秘めている。

②**応用段階**　基礎段階を通して協同学習に依拠したLTDを体得できた学習者は，その後のさまざまな授業において，基礎段階で学んだ協同学習の理論や技法，さらにはLTD過程プランを常に意識しながら学び続けることができる。その結果，応用段階に位置づけられる，より複雑な学習方略を用いた授業や，実験・実習などの授業効果は格段に上昇する。

　例えば，LTD基盤型授業モデルの原型となった初期の実践例として須藤・安永（2014）がある。筆者らは，もともと読解法として提案されたLTDが論理的な言語技術一般の指導にも効果的であると考え，初年次教育において検討を重ねてきた。そのなかで，看護専門学校の1年生を対象に，基礎段階でLTDを習得させた後，LTDを基盤とした討論（ディベート）と文章作成（エッセイ）の指導を試みた。その結果，対話能力と文章作成能力が高まったことが確認されている。

　また，長田・安永（2017）は，歯学部1年生を対象に，基礎段階でLTDを習得させたうえで，応用段階でPBL（Problemt-Based Learning）を実践している。その際，PBLの教材として与える「シナリオ」をLTDで読解させた。また，

表2 LTDコアパッケージを構成する協同学習の技法

傾聴と ミラーリング	傾聴とは話者の真意を理解しようとする聞き手の真剣な行為である。一方，傾聴で聞き取った内容を聞き手が反復することをミラーリングという。ミラーリングにより，話者の発言内容を聞き手が正しく理解していることが確認できる（安永 2012）。
ラウンドロビンとシンク＝ペア＝シェア	協同学習の最も基本的な技法がラウンドロビン（Round Robin：RR）である。その手順は次の通りである。(a) 話し合いの課題とその手順をクラス全体に与える。そのうえで必ず (b) 個人で考える時間を準備する。次に (c) 少人数のグループになり，メンバーはほぼ同じ時間を使って順番に発言する。全員の発言が終わったら，さらなる理解をめざして対話を深める。必要に応じて (d) クラス全体で検討を加える。 なお，RR をペアでおこなう場合はシンク＝ペア＝シェア（Think Pair Share：TPS）と呼ぶ（バークレイら 2009）。
特派員	特派員はグループを越えた交流を仕組む方法である。手順は次の通りである。例えば RR を用いて (a) ある課題について話し合い，グループとしてのアイディアを共有する。そのうえで (b) 他のグループでどのようなアイディアが出されたのか，グループの代表者（特派員）を他のグループに派遣して取材する。グループに残ったメンバー（報道員）は，他のグループから派遣された特派員に自分のグループのアイディアを紹介する。(c) 取材を終えた特派員は元のグループに戻り，取材内容を伝え，さらに検討を加える（安永 2012）。
ジグソー学習法	ジグソー学習法の基本構造はグループのメンバーで学習課題を分担して教え合うことである。手順は次の通りである。(a) 分担した課題を個人で学び，説明方法を考える。(b) 分担した課題の理解を深め，説明方法を工夫するために，他のグループのメンバーで同じ課題を担当しているクラスの仲間と専門家グループをつくり，さらに学び合う。その後 (c) 専門家となった各メンバーが元のグループ（ジグソーグループ）に戻り，それぞれが分担した内容を教え合う（バークレイら 2009）。

PBL を構成する個人学習とグループ学習では，協同学習や LTD を意識させながら実践させた。その結果，LTD を導入する以前と比べて，PBL の学習成績が向上したことを見いだしている。

4 AL による高大接続教育の可能性

初等中等教育と高等教育の連携協力

これまでの初年次教育には，高校までの学び方と大学での学び方に大きな断絶があるという前提があり，それを埋めることが初年次教育の役割という発想が暗黙裡にあった。これは現実として間違っていない。しかし，小学校から大学まで同じ AL 型授業が推奨されている現在，再考の余地がある。

本来，小学校から大学までのすべての教育機関が，教育に対する基本理念と

その達成に向けた望ましい方法を共有し，連携協力して人材育成にあたるべきである。むろん，各教育機関が引き受ける学習者の発達的特徴を加味しながら，それぞれの教育機関で何をどの程度達成すべきか，相互に情報交換しながら検討する必要がある。

このような発想に基づき，本章で紹介したLTD基盤型授業モデルによる高大接続を提案したい。先に紹介したように本モデルは初年次教育の実践を通して考案したものである。現時点では本モデルの基礎段階を大学1年次の前期に導入している。この基礎段階を小学校から始め，中学校を経て，高校を卒業するまでの間に終えることを提唱したい。

これが実現すれば，大学では基礎段階の習得状況を入学直後に短期間で確認したうえで，主に応用段階の授業を展開することができる。LTD基盤型授業モデルという共通項により，少なくとも学び方に関する限り，小学校から大学までスムーズな移行が可能となる。そうなれば，応用段階として，大学教育に本来期待される専門的内容を組み込んだ授業を1年次から積極的に展開することもできる。当然ながら，それに合わせて，大学における初年次教育のあり方も大きく変わることが求められ，さらなる大学教育の改革が期待できる。

なお，高等教育機関に進学しない高校生も少なからずいるが，彼らにとってもLTD基盤型授業モデルの基礎段階を学ぶ意味は大きい。この基礎段階では，先に紹介した協同実践力を獲得することが目標となっている。高校卒業であっても，現場で活躍するために必要とされる協同実践力を身につけておくことは大切である。協同実践力が現場での日々の活動を支え，日々の活動から学ぶための基盤となる。その基盤を体得させることが，本モデルの基盤段階に期待できる。

高校の取り組みと大学入試改革

LTD基盤型授業モデルによる高大接続を実現するためには，高校の取組が大きな鍵となる。幸いなことにALを取り入れた教育改革が全国の高校にも広まっている。そのなかでも福岡県教育センターが中心となって展開している「福岡新たな学びプロジェクト」は注目に値する（福岡県教育センター 2018）。本プロジェクトでは福岡県立の高等学校と中等教育学校の8校が研究開発校の指定を受け，それぞれの学校現場の特性を考慮しながら，現場の教師が主体となり，AL型授業の開発と導入に取り組んでいる。3年が経過した現時点におい

て，当初に比べて AL 型授業に対する参加教師の姿勢が格段に向上し，効果的な AL 型授業が創意工夫され，「主体的・対話的で深い学び」が実現している。福岡県では平成 30 年度から全県立学校で AL 型授業を導入している。

　LTD に関しても高校での実践が始まっており，一定の成果が得られている（安永・岡田 2016）。高校での実践は分割型 LTD によるが，この方法は小学校 5 年生でも有効であることが既に確認されており（須藤・安永 2011），高校生に合ったアレンジを重ねることにより，高校での授業に広く応用できると期待している。

　LTD 基盤型授業モデルによる高大接続が実現すれば，入試の方法も，それに見合った内容に変えることも可能である。その一例として創価大学が 2018 年度入試から実施した「PASCAL 入試」を紹介したい（創価大学 2017）。PASCAL 入試とは AL の要素を取り入れた斬新な AO 入試である。PASCAL 入試では LTD に基づくグループワークを受験生に課し，複数の担当者が評価するという方法を採用している。その目的として「受験生がどのように主体的に自分の意見を表現するかや，他者の意見に接してどのように教材への理解を深めていくかなどを観察し，一人一人の主体性，協働性といった行動特性（Competency）の能力・資質を客観的に評価していきます。これに小論文・面接を加えて受験生の学力の 3 要素を総合的・多面的に評価し，選考を行います」と述べられている。PASCAL 入試は本章の主張を先取りする形で，実際の入試に導入した画期的な試みである。高大接続答申に謳われている入試改革を考えるうえでも注目される試みであり，高く評価できる。PASCAL 入試は始まったばかりである。経験を積み重ね，評価の観点や評価者の問題などを解決することで PASCAL 入試を改善し，入学後，期待した成果をあげられる学生の選抜精度を高めることを期待したい。

　このように，LTD 基盤型授業モデルを中核に据えた授業づくりによる高大接続の実現可能性は極めて高く，今後の展開が大いに期待できる。その延長線上に，中教審の高大接続答申に謳われた AL を中心とした教育改革の達成を展望することができる。

[参考文献]

バークレイ, E. F., クロス, K. P. & メジャー, C. H. ／安永悟（監訳）（2009）『協同学習の技法

──大学教育の手引き』ナカニシヤ出版（Barkley, E. F., Cross, K. P. & Major, C. H. (2005) *Collaborative Learning Techniques: A Handbook for College Faculty*, San Francisco: Jossey-Bass.）

Bonwell, C. C. & Eison, J. A. (1991) *Active Learning: Creating Excitement in the Classroom*, ASHE-ERIC Higher Education Reports No. 1.

中央教育審議会（2012）「新たな未来を築くための大学教育の質的転換に向けて──生涯学び続け、主体的に考える力を育成する大学へ（答申）」文部科学省

─── (2014)「新しい時代にふさわしい高大接続の実現に向けた高等学校教育、大学教育、大学入学者選抜の一体的改革について──すべての若者が夢や目標を芽吹かせ、未来に花開かせるために（答申）」文部科学省

Fink, L. D. (2003) *Creating Significant Learning Experiences: An Integrated Approach to Designing College Courses*. San Francisco, CA: Jossey-Bass.

福岡県教育センター（2018）「新たな学びプロジェクト」http://www.educ.pref.fukuoka.jp/one_html3/pub/default.aspx?c_id=452（2018年6月8日閲覧）

Johnson, D. W. & Johnson, R. T. (2005) "New Developments in Social Interdependence Theory", *Genetic, Social, and General Psychology Monographs*, 131 (4), 285-358.

ジョンソン，D. W.、ジョンソン，R. T. & ホルベック，E. J.／石田裕久・梅原巳代子（訳）(2010)『学習の輪──学び合いの協同教育入門』（改訂新版）二瓶社（Johnson, D. W., Johnson, R. T. & Holubec, E. J. (1993) *Circles of Learning: Cooperation in the Classroom*, 4th ed., Edina, Minn: Interaction Book Co.）

Millis, B. J. & Cottell, P. G. Jr. (1998) *Cooperative Learning for Higher Education Faculty*, Westport, CT: Oryx Press.

溝上慎一（2014）『アクティブラーニングと教授学習パラダイムの転換』東信堂

長田敬五・安永悟（2017）「LTD based PBL──LTD基盤型PBLチュートリアルの実践」『初年次教育学会第10回大会発表要旨集』154-155.

関田一彦・安永悟（2005）「協同学習の定義と関連用語の整理」『協同と教育』1, 10-17.

鹿内信善（2016）「看図アプローチが導く主体的学び」『主体的学び』4, 3-17.

創価大学（2017）「PASCAL入学試験要項」https://www.soka.ac.jp/admissions/department/pascal/exam/（2017年12月11日閲覧）

須藤文・安永悟（2011）「読解リテラシーを育成するLTD話し合い学習法の実践──小学校5年生国語科への適用」『教育心理学研究』59 (4), 474-487.

─── (2014)「LTD話し合い学習法を活用した授業づくり──看護学生を対象とした言語技術教育」『初年次教育学会誌』6 (1), 78-85.

安永悟（2009）「協同による大学授業の改善」『教育心理学年報』48, 163-172.

─── (2012)『活動性を高める授業づくり──協同学習のすすめ』医学書院

─── (2017)「協同学習でめざす教育の本質──協同実践を中心に」『久留米大学教職課程年報』創刊号, 23-32.

安永悟・岡田範子（2016）「LTD学習法による授業づくり」杉江修治（編）『協同学習がつくるアクティブ・ラーニング』明治図書出版, pp. 90-98.

安永悟・須藤文(2014)『LTD話し合い学習法』ナカニシヤ出版
──── (2018)「協同実践力を育てる教師教育──LTD基盤型授業を通して」『教師教育研究』31, 61-70.

11章　思考を鍛える初年次教育テキストの開発
——アクティブラーニングによる授業展開

井下千以子

1　問題の背景と本章の目的

　高大接続改革の最終報告が2016年3月，中央教育審議会によってなされた。人々の関心は，センター試験は廃止され，大学入試が変わることにあるが，改革の根幹には，「受身の教育から能動的な学び（アクティブラーニング）への転換」がある。

　2017年3月，大学入試センターは大学入学選抜実施要綱の見直し案や共通テストの記述式問題案などを公表した。記述式問題とは，自分で考えて論理を組み立て表現する力を問う問題である。正解が1つでない，適切な情報を抽出・統合し自分の考えを構造化した文章として表現する能力，すなわち「主体的に思考し判断した上で表現する力」が求められているという（安西 2017）。

　学力の三要素としての思考力・判断力・表現力やアクティブラーニングを重視する高大接続改革において，高校と大学をつなぐ初年次教育のあり方も問われている。自分の頭でしっかり考え，判断したことを自分の言葉で表現する力を養うには大学の初年度でどのような教育を施せばよいのか。

　筆者はこれまで大学教育での思考力や表現力育成の要ともなる書く力に焦点をあてたアカデミック・ライティングの教育について研究し（井下 2008），その成果をテキストに著し，初年次支援科目や専門科目で実践を重ねてきた。

　本章では，そうした思考を鍛えるライティング教育を初年次教育にどう位置づけているか，開発したテキストを用いてアクティブラーニングによる授業を

いかに展開しているかを明らかにする。さらに，初年次教育での学習成果を2年次以降の学習にいかにつなげて発展させていけばよいのか，4年間の学士課程カリキュラム全般にわたってどう支援するのか，ライティング教育を中心に初年次教育における今後の課題を検討する。

2 初年次支援科目「大学での学びと経験」とテキスト開発

「大学での学びと経験」の開講

桜美林大学の基盤教育院における初年次支援科目「大学での学びと経験」はリベラルアーツ（LA）学群が開設される1年前の2006年から始まった。LA学群では2年次秋に自分の専攻を選択しなければならない。学生は何に興味があるのか，何をしたいのか，学びへの意識を高めていくことが求められる。こうした学生の学びを支える組織として基盤教育院が設立された。

「大学での学びと経験」は初年次支援科目ではあるが，LA学群の選択必修科目であるとともに，全学群全学年の学生が自由選択科目として履修することができる。学習目標は図1に示した10項目で構成されている。授業では毎回手作りのワークシートを用いてすべてグループワークで実施されていた。テキスト完成後は15回の授業を図2に示した順番で5つの取り組みとしておこなっている。

科目のデザインには心理学における学習論と発達論が活かされている。授業のねらいは，高校までの知識中心の学習から多様な解のある学びへ視野を広げ，主体的に考え抜く力を習得させることにある。最も力を入れてきたのはレポー

1. 大学生としての自覚が持てる 2. 大学で学ぶ目的がわかる 3. 仲間の考えや気持ちが理解できる 4. 仲間とともに協働で創ることができる 5. 研究プロセスを体験し理解できる 6. 批判的に思考する力がつく 7. 信頼できる資料を調べる力がつく 8. 基本的なレポートが書ける 9. 将来の夢や進路を考えられる 10. 大学生活に目標を持つことができる	1. 学問の世界へようこそ， 　　自己紹介・他己紹介　　（1回） 2. 研究プロセスを体験し， 　　論理的な考え方を学ぶ　　（5回） 3. レポートの書き方の基本を学ぶ（6回） 4. 将来のキャリアについて考える（2回） 5. 学びを振り返る　　　　　　（1回） 　　　　　　　　　　　　　　全15回
図1 「大学での学びと経験」の学習目標	図2 「大学での学びと経験」の授業内容

トの書き方の授業で,批判的に思考する力や信頼できる資料を調べる力をつけ,基本的なレポートを書けるようになることを目指した。

〈辞書〉のように使えるライティングテキストの開発

最初に開発したテキストが『思考を鍛えるレポート・論文作成法』だった。レポートの書き方のハウツー本ではなく,学問を学ぶ意識を高め,思考を組み立てて根拠に基づき自分の意見を主張できるよう,初心者から論文を書く上級者まで活用できる体系的なテキスト開発を目指した。さらに,大学で求められるレポート・論文の目標を初年次から見通し,大学4年間に渡って使いこなせるよう,大学図書館のデータベースやレポートの基本フォーマットの使い方を解説し,付録には自己点検評価シート（ルーブリック）や見本レポートを付けた。

目次（第2版）を図3に示した。教材を配布しても学生がそれを保管して他の授業でも活用することは期待できない。そこで,初年次の授業後も何度も目次を見て〈辞書〉のように使い自学自習できるよう工夫した。筆者の担当科目を履習し,テキストの活用法を学んだ学生は,他の授業のレポート課題でも役立ったと,筆者のゼミや他の担当科目の振り返りで述べている。

はじめに
本書の使い方
第1章　レポート・論文を書く前に
　1. レポートとは何か,論文とは何か
　2. まずは段取り,ゴールまで見通す
　3. 書くことで思考が深まる
　コラム　よりよく書くためのメタ認知
第2章　説得力あるレポート・論文を書くために
　1. 思考を組み立てる
　2. 問いを立て,証拠を示す
　3. 批判的に検討する
　コラム　自分の言葉と他者の言葉を区
　　　　　別しよう——コピペは剽窃（＝
　　　　　ドロボウ）
第3章　レポートを書く
　1. レポートの型を見極める
　2. レポートのイメージをつかむ

3. レポート作成の5ステップ
　ステップ1　論点を見出す
　ステップ2　調べる：最新の情報を収
　　　　　　　集する
　ステップ3　組み立てる
　ステップ4　執筆する
　ステップ5　点検する
　コラム　書くための「読む力」
第4章　論文を書く
　1. 論文を書く前の心構え
　2. 論文の型と研究方法
　3. 論文作成の5ステップ
　ステップ1　テーマを決める
　ステップ2　調べる：体系的情報を収
　　　　　　　集する
　ステップ3　組み立てる
　ステップ4　執筆する

```
    ステップ5   点検する          付録  1  論証型レポートの例
    コラム  卒業論文，修士論文に取り組          2  文献研究による仮説論証型論文
           む意味                                の例
第5章  レポート・論文の作法を学ぶ              3  実証研究による仮説検証型レポ
 1. 題名のつけ方                                ート・論文の例
 2. 定義の仕方                              4  調査や実験を実施する際の「研
 3. 引用の仕方                                究倫理」について
 4. パラグラフの書き方                       5  自己点検評価シートでチェック
 5. 事実と意見を区別する                        しよう
 6. わかりやすい文章を書くために              6  参考となる文献の紹介
    コラム  先行研究を誠実に引用しよう        7  図表一覧
第6章  プレゼンテーションを成功させる   あとがき
 1. プレゼンテーションのポイント
 2. スライドの作成
 3. 配布資料の作成
```

図3 目次（井下 2014）

アクティブラーニングを取り入れた総合型初年次教育テキストの開発

　初年次生を対象として「主体的に思考し判断した上で表現する力」を支援するために，レポートの書き方だけでなく，総合的な初年次教育テキストとして『思考を鍛える大学の学び入門――論理的な考え方・書き方からキャリアデザインまで』を作成した。開発において念頭に置いたのは井上ひさし（1989）の「むずかしいことをやさしく，やさしいことをふかく」であった。授業そのものを書物にすることには限りがあり，内容を深めつつ，わかりやすくすることは容易ではなかったが，〈学問の思考様式を学ぶことを経験するテキスト〉として体系化することを目指した。

　テキストには15回分のワークシートをつけ，すべてアクティブラーニングでおこなうことができる。アクティブラーニングに必須の「話す・書く・発表する」活動（溝上 2014）を取り入れて思考を可視化し，認知プロセスをモニタリングするメタ認知活動を活性化するため，授業では毎回ピアレビューや授業外学習（宿題）を課している（井下 2016）。

　ねらいは，図1に示したように，学問の面白さや研究プロセスを模擬体験し，批判的に考える力や論理的に考えて書く力を養うことを通じて，大学生としての自覚を持ち，これからの大学生活で何をなすべきか，目標を持てるようにすることにある。目次は図4の通りである。

本書の目的
効果的に学びたい方へ
1 学問の世界へようこそ
　1　学問の扉
　　　Work 1 ①
　2　大学を知る，自分を知る，仲間を知る
　　　Work 1 ②
2 論理的な考え方を学ぶ
　1　論理的に考えるとは
　2　考えるプロセスを支援する KJ 法
　3　現実を観察して，問いを立てる
　　　Work 2
　4　情報を集める
　　　Work 3
　5　情報を分類し，図解する
　　　Work 4
　　　Work 5
　6　論理を組み立て，文章化する
　　　Work 6
　　　Work 7
　7　論理的に伝える
3 レポートの書き方の基本を学ぶ
　1　自分で考えて書く力をつける
　　　Work 8
　　　Work 9
　2　考えて書く5つのステップ
　　　ステップ0　レポートのイメージをつかむ
　　　ステップ1　論点を定める
　　　ステップ2　調べる
　　　Work 10
　　　ステップ3　組み立てる
　　　Work 11
　　　ステップ4　執筆する
　　　ステップ5　点検，推敲する
　見本レポート　論証型レポートの例
4 キャリアをデザインする
　1　いきなりキャリアデザインはできない
　　　Work 12 ①
　2　挫折や苦悩を乗り越えて――大学生の就職活動から考える
　　　Work 12 ②
　3　自分が選んだ道を歩む旅へ――生涯発達の視点でデザインする
　　　Work 13
5 学びを振り返る
　1　論証型レポートの評価と発表
　　　Work 14
　2　学びレポートの目的
　3　学びレポートを書く
　　　Work 15
参考となる文献の紹介
あとがき
ワークシート（Work 1～15）
出欠＆ワークシートチェック表（全15回）

図4　目次（井下 2017）

　第1章は，入学前教育としてAO入試に合格した高校生を対象に実施したプログラム「学問の世界へようこそ」を再編したものである。学問の扉を開く鍵は何か。学ぶことの楽しさ，問いを持つことなど，学問の奥深い世界を探検する面白さを解き明かしていく。

　第2章では，自分たちの大学を知るという大きなテーマのもと，グループで問いを立て，インタビュー調査を行う。結果をKJ法で分類し，ポスターにま

とめ，プレゼンテーションするという一連の研究プロセスを学ぶ。筋道立てて結果をまとめる論理的思考法や，協働で創ることを体験する。また，ワークを通して仲間意識や自校意識を育むことができる。

第3章では，初心者でも論証型レポートが無理なく書けるように，具体的なワークを段階的に取り入れた。資料の調べ方，引用の仕方を学び，フォーマットを用いて書くことができる。自己点検評価シート（ルーブリック）を使いこなすことで自立して書けるようになる。

第4章では，キャリアとは何か，アイデンティティ発達論に学びながら，初年次生がリアルな感覚で自らを見つめ，将来を描くことができるよう，架空の事例を盛り込んだ。アイデンティティ・ステイタスによる自己分析をおこなうことで，将来を見通し，大学生活での自分の目標を見出すことができるようになる。

第5章では，これまでの授業を振り返り，学びレポートを書く。

3　アクティブラーニングによる初年次生向けライティング指導

アクティブラーニングによるアカデミック・ライティングの授業方法

初年次生のためのアカデミック・ライティング指導法のポイントを表1に示した。

表1　初年次生のためのアカデミック・ライティング指導のポイント

ポイント	内容
身近な話題を課題とする	身近な話題であれば，自分の考えや経験から自分の言葉で語り，思考力を鍛えることができる。課題を「小学生に携帯電話やスマホを持たせるべきかどうか」とし，資料を調べ，信頼性のある根拠に基づき自分の意見を展開できるよう工夫する。
自分とは異なる立場の意見を批判的に検討させる	学生の多くは，〈批判すること〉は人の悪口を言うことだと捉えているので，「論証型レポートではなぜ異なる意見を批判的に検討することが必要か」をグループで議論させて主体的に学ばせる。たとえば，〈小学生に携帯電話やスマホを持たせる立場〉で自分の意見を主張しようとするのであれば，持たせないと居場所を確認できず安全面で問題が生じる。〈持たせない立場〉で主張するのであれば，持たせるとゲームや悪質サイトなど管理面で問題が生じるなど，具体的に問題点を整理すると，自分とは異なる意見を批判することによってより説得的に自分の意見を主張できることに学生自らが気づくようになる。

信頼できる情報を調べる力をつける	大学図書館を活用し，テーマに応じて適切にデータベースを使い分け検索する実習を図書館員と連携しておこなう。また，情報を評価する力をつけることによって，信憑性のある根拠に基づく説得力ある意見文が書けるようになる。単なる感想や体験談による作文とは異なることが理解できるようになる。
引用の方法だけでなく，なぜ引用する必要があるかを考えさせる	剽窃（コピペ）は自分で考えずにそのまま他者のことばを盗む行為であること，著者の見解をレポートで使いたい場合は，引用の手続きを踏み，他者の言葉と自分の言葉を明確に区別する必要があることに気づかせる。
学生同士で評価させる	ペアワークまたはグループワークを取り入れ，自己点検評価シート（ルーブリック）を執筆前と後で用いることによって，点検する視点を主体的に学ばせる。
毎回，宿題を出す	自分で調べて考えたことを言語化させ，自立した学習者となっていくことを促す。

　初歩的なアカデミック・ライティングを習得させることを目的として，論証型のレポートの書き方を指導している。論証型レポートは，大学での学習の礎となる論理的思考力と批判的思考力を必要とする。作文や小論文のようにその場で自分の意見をまとめるものとは異なる。主張の根拠を調べ，批判的に検討しつつ，論理を組み立て説得的に述べなければならない。

　しかし，いきなり専門分野の話題について調べ，かつ批判することはハードルが高い。そこで，初年次生であれば誰もが体験している身近な話題を取り上げることによって，異なる立場の意見を想定し，それを批判することで説得力が出ることに学生自らが気づけるようになる。

　授業ではグループワークによって実施している。グループの人数は6人程度。まず，課題内容を自分でワークシートに書き込み，その後グループで意見を交換し，次にグループでまとまった意見を発表するというように，アクティブラーニングに必須の「話す・書く・発表する」活動が繰り返し展開される。次の1）〜12）を6回の授業で実施する。毎回宿題がある。

1) 小学生に携帯電話を持たせることの問題について自分の考えや経験をもとに30分程度で意見文を書く。
2) グループで意見文を発表し説得力ある意見に必要な要件は何かを話し合う。
3) 自分の経験も根拠となるが，信頼性の高い根拠を調べる必要があること，自分の意見とは異なる意見を批判的に検討すること，論理的・演繹的に述べることで説得力が増すことに，学生自らが気づく。
4) 大学図書館を利用することの意味を説き，データベースの使い方やキーワード検索の実習を図書館員と連携しておこなう。

5) 根拠となる情報を調べる宿題を出す。
6) 授業で情報交換し,ワークシートを用いて情報の整理をする。
7) 論証型レポートに必須の4つの要素を取り入れた主題文（主張を200字程度にまとめた文）を書く。
   〈論証型レポートの4つの要素と主題文のフォーマット〉
   ① 論点を提示し,その問題背景を説明する。
      　話題の背景　が問題となっている。
   ② 根拠に基づき,自分の意見を述べる。
      　自分の意見　すべきだ（ではない）。
   ③ 自分の意見とは異なる意見を批判的に検討する。
      一方,　異なる意見　もあるが,　　　　　　。
   ④ 結論としての自分の意見を主張する。
      　結論としての自分の意見　と主張する。
8) 主題文の4つの文章を使って,5章構成のアウトラインを作成する。
9) 引用の仕方について,直接引用法,間接引用法,インターネットのホームページからの引用法を,見本レポートを参考に学ぶ。
10) 5章構成の定型表現を用いたフォーマットを使い,見本レポートと対応させつつ,2500～3500字程度のレポートを執筆する。見本レポートとフォーマットは初心者にとっての道しるべ（1つのモデル）となる。レポートのイメージがつかめない学生や,書くことは苦手と思い込んでいる学生も「これなら書ける」という自信や意欲につながる。
11) 完成したレポートをペアで自己点検評価シート（ルーブリック）と自由記述（優れている点と改善点）で評価し,評価内容をグループで共有する。
12) クラスでプレゼンテーションをおこなう。事前にプレゼンのやり方・スライド作成についてテキストを用いて解説する。

教員対象ワークショップの効果

2017年6月に大学教育学会大会で,本テキスト（井下2017）を活用したワークショップ「思考を鍛えるアカデミックライティング入門——アクティブラーニングによる授業展開」を実施した。定員の30名を超える申し込みがあった。ワークショップの内容は,上述の授業例の5) と6) を,5名×6グループで実施した。インターネットに接続できる機器を各自持参し,「小学生に携帯電話やスマホを持たせるべきか」というテーマのもと,情報を検索し,グループ内で話し合い,ワークシートに調べた情報を分類し書き込んでいく。グループの担当箇所を決め,調べた情報をホワイトボードに貼ってグループ間で共有する。終了後のアンケート調査の結果から,次の通り,ワークショップの一定の効果を確認することができた。

〈良かった点〉
・実際に体験できた経験は大きい。体験は大切だと実感した。
・ワークシート，見本レポート，フォーマットの使い方や意義がよくわかった。
・アイディアが整理されていく過程が可視化でき，実践する勇気が湧いた。
・本学会（大学教育学会）のグループワークで初めておもしろいと思った。

〈今後への期待〉
・時間が足りなくて残念。じっくり取り組みたかった。
・教科書の進め方をさらに具体的に教えてほしい。
・ネットで調べる課題を宿題にするとワークショップが深まるのではないか。
・今回の続きのワークショップを企画してほしい。

4 深い学びを支えるカリキュラム

一方で，教員個人の授業レベルで教授法を工夫していても指導の効果は少ないこともある。たとえば，初年次支援科目で汎用的なスキルを教えたとしても，2年次からすぐさま専門分野のレポートを書くことは難しいだろう。コースデザインに留まらず，学士課程4年間を通して，どのようにライティング教育をおこなうか，カリキュラムデザインとして捉えていく必要がある。

図5にライティング指導のための学士課程カリキュラム・マップを示した。知識に関する2つの視点を取り入れ，横軸に知識の広がりとしての〈専門性〉と〈一般性〉を，縦軸に知識の質として〈発展的・探究的〉と〈基礎的・定型的〉であることを表している。初年次教育は基礎的・定型的で一般性が高い教育として第Ⅲ象限に位置し，その対極にある第Ⅰ象限に専門教育がある。専門教育でもその基礎を効率的に学び，定型的な訓練がなされる教育として第Ⅳ象限に専門基礎教育がある一方，第Ⅱ象限に位置する教養教育や高度教養教育では幅広い観点から教養としての拡張専門科目（enrich major）（金子2007）を提供して

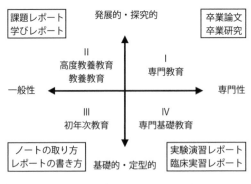

図5 ライティング指導のための学士課程カリキュラム・マップ（井下 2016）

いる。

　このマップを用いて，心理学教育を例に考えてみよう。まず，初年次では〈レポートの基本的な書き方〉を学ぶ。2年次になると〈実験演習レポート〉の作成法を習得する。教養教育では，心理学というディシプリンを通して幅広い視野から学んだ知識を自分の言葉で組み立て直す〈学びレポート〉や，専門分野の理解を深めるための〈課題レポート〉が課される。4年次になると，〈卒業研究〉や〈卒業論文〉作成に向け，自らテーマを設定し，先行研究を批判的に検討して仮説を立て実証（論証）し考察することが求められる。

　したがって，マップの下半分（第Ⅲ象限と第Ⅳ象限）では基本となる定型的な書き方の指導がおこなわれる。一方，上半分（第Ⅱ象限と第Ⅰ象限）では，学んだ知識や調べた資料を批判的に検討し，それらの知識を再構造化して自分の主張を述べるよう，考え抜いて書くことを支える発展的・探究的学習を目指した指導がなされる。

　こうした4年間のスパンで心理学のカリキュラムをみていくと，その年次に必須のディシプリンによる定型的な指導があること（第Ⅳ象限），教養教育のレポート指導ではどの学年にも必要な〈自分にとって意味があるように知識を再構造化する〉要素が含まれていること（第Ⅱ象限）がわかる。これらの多様な指導がつながり，融合し，重層的に積み上がっていくことで学生の思考は深まり，学びが充実していくのではないだろうか。すなわち，レポートの書き方は初年次の授業で1度学習すれば習得されるものではなく，4年間の多様な授業を通して幅広い知識を学ぶ中で思考力も書く力も鍛えていくことができるのではないかと思われる。

5　学問へと誘う総合型初年次教育の提案

　本章では，初年次支援科目とテキスト開発の事例を分析したうえで，アクティブラーニングによる授業をいかに展開しているかを示してきた。さらに，ライティング教育を例として，初年次から2年次以降の深い学びへと誘うためには学士課程カリキュラム4年間に渡る科目間の連関が必要であることを，マップを用いて示した。

　2017年度初年次教育学会会員調査結果によれば，初年次教育で実施されている取り組みのトップは学習技術やライティングであるものの，学習技術型の

初年次教育は2年次への連動性は低いこともわかった（井下 2018）。また，初年次教育の実施体制を分類型別にみると，総合型と学習技術型は3割強であるのに対し，専門導入型は1割強と低く，学問を通して大学でいかに学ぶかを方向づける初年次教育は少ないことも明らかとなった。〈専門導入〉を〈専門基礎教育〉と捉えるのか，〈学問による学びへの誘い〉と捉えるかは調査からは明らかでないが，本章の事例で示してきたように，知識や技術のハウツー学習に留まらず，学問での学びを意識化させ，2年次以降の学習へとつなぐテキストや教授法の開発は必要だということが2017年度の会員調査から実証されたともいえる。

　そうした初年次教育の現状に鑑みて，本章では，アクティブラーニングによるアカデミック・ライティング授業や総合型初年次教育の授業を展開することで，主体的に思考する力，とりわけ大学教育に必須の批判的思考力や論理的思考力を育成することが，2年次以降の学習の礎となることを示してきた。今後は単なるスキルの習得に留まらず，学問へと誘う総合型初年次教育として一層内容を深め，充実していく必要がある。

[参考文献]

安西祐一郎（2017）「高大接続改革の概要公表　能動的学びへ転換」『日本経済新聞』2017年6月5日朝刊

井下千以子（2008）『大学における書く力考える力——認知心理学の知見をもとに』東信堂

―――（2014）『思考を鍛えるレポート・論文作成法（第2版）』慶應義塾大学出版会

―――（2016）「思考を深めるアカデミック・ライティング——アクティブラーニングの効用と課題」『IDE——現代の高等教育』582, 21-26.

―――（2017）『思考を鍛える大学の学び入門——論理的な考え方・書き方からキャリアデザインまで』慶應義塾大学出版会

―――（2018）「高大接続に向けた「主体的に思考し表現する力」の育成——2017年度初年次教育学会会員調査と事例分析をもとに」『初年次教育学会誌』10, 99-105.

井上ひさし（1989）「前口上」『The 座』14, 16-17.

金子元久（2007）『大学の教育力——何を教え，学ぶか』筑摩書房

溝上慎一（2014）『アクティブラーニングと教授学習パラダイムの転換』東信堂

高大接続システム改革会議（2016）「高大接続システム改革会議「最終報告」」http://www.mext.go.jp/component/b_menu/shingi/toushin/_icsFiles/afieldfile/2016/06/02/1369232_01_2.pdf（2018年5月31日閲覧）

12章　心理学の枠組みを活かした学習スキル修得
——「わかったつもり」をいかに崩すか

藤田哲也

1 「何を教えるか」vs.「どう教えるか」

　初めて初年次教育を担当することになった方がまず最初に直面する問題の一つが，「初年次教育では，何を教えればいいのだろうか」ということであろう。その問いに対して正解が一つだけあるわけではないことは，本書の他章を読めばわかることだが，この章ではその先にある問いである「初年次教育ではどう教えるのが効果的か」を中心的に取り上げる。つまり「What」ではなく「How」である。まずは「どう教えるか」が重要と考える理由について説明したい。

　中央教育審議会の答申である「学士課程教育の構築に向けて」（中央教育審議会 2008：35）では，初年次教育について，「高等学校や他大学からの円滑な移行を図り，学習及び人格的な成長に向け，大学での学問的・社会的な諸経験を成功させるべく，主に新入生を対象に総合的につくられた教育プログラム」あるいは「初年次学生が大学生になることを支援するプログラム」と説明している。さらに，「レポート・論文などの文章技法」，「コンピュータを用いた情報処理や通信の基礎技術」，「プレゼンテーションやディスカッションなどの口頭発表の技法」，「学問や大学教育全般に対する動機付け」，「論理的思考や問題発見・解決能力の向上」，「図書館の利用・文献検索の方法」などが重視されているとも述べている。すなわち，様々な学習スキル（技能）を含めたいわゆる「学士力」（中央教育審議会 2008）の修得は，初年次教育の中核をなす要素であり，こ

れが「何を教えるか」という問いに対する答えの一つである（初年次教育で何を教えるべきかについては，他にも，山田（2004）などを参照されたい）。

　これらのことを踏まえて，実際の初年次教育の授業において，ついこの間まで「高校生」だった新入生を，学習能力や意識の上でも「大学生」と呼べるような存在になるようにと導くことを教育目標として設定したとしよう（藤田2006a）。そのような授業において，担当教員は学生に対して「大学生になったら，高校までとは違い，自主的かつ積極的に行動しなくてはならないよ」と繰り返し伝えることになるだろうが，実はこの「自主的に学ぶ存在にならなくてはならない」という命題自体は，学生は高校時代にも教師や親，先輩などから既に聞かされていることが少なくないであろう。つまり学生にしてみれば「そんなこと，改めて何度も言われなくてもわかっている」つもりのことである。

　この「わかったつもり」こそ，この章で取り上げるキーワードの一つである。教員が様々な学習スキルを初年次教育で教えたいと考えるのは，それらの学習スキルを学生が十分な水準で修得できているとは思えないからである。しかし当の学生の多くは「十分に修得できている」，つまり「わかったつもり，できているつもり」の状態にあるかもしれない。「わかったつもり」にある学生は，自分は十分な状態であると思っているため，自らの学習スキルを改善する必要性を感じていないことになる。そのような学生に教員が重要だと考える学習スキルを伝えようとしても，初めから聞く耳を持たないばかりか，初年次教育全般に対して「今さらこんなことを教えてもらう必要はない」と見下すような態度をとるかもしれない。このような状態を打破するためには「何を教えるか」だけを考えるのではなく，「どう教えるか」が重要になってくるのである。

　次節では，以上述べてきた問題をより具体的に示すため，「ノートの取り方」を取り上げ，学生の「わかったつもり」をいかにして崩す必要があるのか，実践例を挙げ，もう一つのキーワードである「気づき」の重要性について述べる。続く第3節では「わかったつもり」「気づき」に関する問題を理論的に捉え直すための心理学の枠組みを概説する。

2　実践編——ノートの取り方をどう教えるか

　本節では，筆者が法政大学で実際に行っている初年次教育の実践に基づいて，ノートの取り方を「どう教えるか」を紹介する。「何を教えるか」に相当する

内容については，この授業で教科書として用いている『大学基礎講座』（藤田 2006b）も併せて参照されたい。

適切なノートを取るために必要なスキルとは

「ノートの取り方」は，教員が感じる修得の必要性に比して，学生の「わかったつもり」がもっとも顕著に立ち現れる学習スキルであろう。何しろ初年次生のほとんどは，小学校から高等学校までの12年もの間，ノートを取ってきており，「自分はノートを取ることができる」と自己評価している状態である。一方，初年次生のノートの取り方は，単に「教員が板書したことを，そのまま書き写す」のと大差ないことがほとんどである（多少は＋αの書き込みをするとしても）。なぜならば，そのノートの取り方で，高校までの定期試験を乗り切ることができてきたからである。この点について，もう少し掘り下げよう。

高校までの「板書されたことをただ書き写すだけ」のノートの取り方でも定期試験で困ることがなかったのは，教員の側が適切に情報の取捨選択を行った上で板書をしていたからに他ならない。もっと率直にいえば，高校までの教員は，定期試験で出題する可能性のある重要なことをわかりやすくまとめた板書をしてくれるので，それをただ書き写すだけでも試験の準備がある程度整うのである。さらには「ここは試験に出るぞ」と重要事項を強調することも珍しくない。

それに対して大学入学後には，提示される情報の取捨選択をする主体は学生側へと変わる。大学教員は必ず板書をするとは限らないし，板書をしたとしても，懇切丁寧にどこが重要なのかを指し示すとは限らない。スライドを使う場合も同様である。また，高校までは必ず検定を受けた教科書が存在していたのに対して大学の授業で用いられている教科書は検定を受けているわけではないし，そもそも教科書を指定しない授業も多い（指定していたとしても，教科書の使い方はこれまた千差万別である）。

要するに，大学の授業においては教員によって情報の提示の仕方は多様であり，FD（Faculty Development）的な視点から見れば，板書技術を主とした，大学教員の授業力不足ということもできるかもしれないが，大学卒業後に社会に出てから必要とされる情報収集能力の水準を考えれば，この「大学教員の情報提示方法の多様さ」に能動的に適応する力をつけることは極めて重要である。社会に出てからは，誰も重要性に基づいた選択をしてくれていない状態の情報

を扱うことがほとんどとなり，自分自身がそれらの情報のうち，何が重要で何が不要なのかを選択しなくてはならない。つまり，大学で求められるようになる「ノートの取り方」は，「教員の板書を正確に写し取るスキル」ではなく，「自ら適切に情報の取捨選択を行うスキル」が重要な地位を占めている。さらには，様々な情報の提示方法に対して，臨機応変にノートの取り方を変えていくことも求められるようになっているのである。

　以上の内容は，初年次教育の中で「何を」ノートの取り方として教えるべきかということに相当するだろう。我々が学生に教えるべきことは，「どのようにノートを使うのがよいのか」「どの程度の情報量を書いておくべきか」という「最大公約数的な最適解」ではなく，「学生自身が，自分の既有知識や置かれている状況に応じて，臨機応変にノートの取り方を調節する必要性」の方であると考えられる。

　このことは，初年次教育の本来的な目標である「受け身の学習者である高校生から，自主的に学ぶ存在である大学生に移行させる」こととも合致している。ノートの取り方に関して唯一の正解があるかのように，具体的なノートの取り方を一つだけ指導したのでは学生は主体的に学ぶことは少ないが，社会に出てからのことを見据えて高校までとは異なるノートの取り方を自分で工夫していく必要性を教えることで，誰かが多様なノートの取り方を教えてくれるのを待つことなく，授業ごとにノートの取り方を主体的に変えるようになることが期待できるだろう。

「わかったつもり」「できているつもり」をいかに崩すか

　前項ではノートの取り方として「何を」初年次教育の中で教えるべきかを述べたのだが，より重要なのが，「どのようにして」その内容を学生に教えるかの方である。最終的には上述のように，状況に合わせて主体的に情報の取捨選択ができることが目標状態なのだが，学生が「自分はもう十分にノートをとることができる状態だ」と思い込んでいる限り，高校までの自分のノートの取り方を変えようとしないだろう。それでは大学の授業にはうまく対応しきれず，また，社会に出てから必要となるスキルを磨く機会も失ってしまう。従って，ノートの取り方に関する学生の「わかったつもり」「できているつもり」をいったん崩して，学生自身に「自分の今のノートの取り方では不十分だ」と気づかせることが，初年次教育の授業展開の中で極めて重要な要素といえるだろう。

> **学生の初期状態：「ノートの取り方」は十分わかっているつもり**
> ⇔実際には，教員が板書する内容を受動的に書き写すだけで，主体的に情報の取捨選択ができておらず，不十分な状態
>
> **第1段階　言語的な説明により崩す**
> 教科書の予習および講義で「ノートの取り方」を改善する必要性を説明
> ○「今の自分には十分なスキルがない」と気づく学生
> ×説明を聞いて，実際にはできないにもかかわらず「自分にはできる」と思い込んでいる学生
>
> **第2段階　体験により崩す**
> 授業内模擬授業によって，異なる授業のタイプに合わせてノートの取り方を工夫できるかを体験させる
> ○自分は「わかっているつもり」なだけで，実際には有効なノートを取ることがまだできないと気づく学生
> ×体験してもなお，自分は有効なノートを取ることが「できている」と思い込んでいる学生
> ------以上が1週目の授業，以下は2週目の授業------
>
> **第3段階　テスト（課題）により崩す**
> 1週間前の授業内模擬授業の内容について，論述形式で出題
> →ノートを見ながらであるにもかかわらず，1週間前の授業内容を思い出すことができず，十分な回答を作成できない現実と直面
> ○全学生が，自分は有効なノートをまだ取れていなかったと気づく
>
> ＊図中，各段階において○の状態に至った学生は，それ以後は自分で工夫する必要性に気づけたため，改善に向かえる。×の状態のままの学生は，それまでのノートの取り方を変える必要性に気づいていないため，改善に向かわない。

図1　ノートの取り方における，多層的な「わかったつもり」の崩し方

図1は，筆者が2週にわたってノートの取り方を教えている過程で起こっているであろう，学生の状態の典型的な変化として仮定したものである。初期状態というのは，初年次教育を受ける前の学生の状態を意味しており，高校までの12年間の「板書を写す」という行為の蓄積に基づいて，「自分はノートを取ることができる」と思い込んでいるが，実際には主体的にノートの取り方を変えていくことはできないという学生がほとんどであると仮定している。

第1段階は，初年次教育の教科書を学生が読んだり，初年次教育の授業内で教員が「大学でのノートの取り方」を講義的に説明しただけの状態を想定して

いる。この段階では，ノートの取り方として「何を教えるべきか」の内容は，言語的に学生に伝えられている。この段階で，ほとんどの学生が「何がノートの取り方として重要なのかを頭ではわかった状態」になるであろう。問題はその後である。

　言語的な説明により，「これからノートの取り方を変える必要性がある」と理解した上で，「自分にはまだそのスキルが身についてない」と気づいた学生は，自分のノートの取り方を自主的に変えていこうとするだろう。これは望ましい状態に移行したといえる。それに対して，「なるほど，大学に入ってからはノートの取り方を工夫する必要があるようだが，これまでの自分の取り方でも十分に対応できるだろう」と考えた学生は，結果として何も変えようとしない。しかしこの自己評価が適切であるとは限らず，実際には役に立たないノートしか取れないかもしれない。

　そのことを踏まえると，初年次教育の授業内で実際に学生にノートを取らせてみることは有効だと思われる。それも，いくつかの典型的な授業のパターンに応じ，ノートの取り方を変えるよう，工夫を促すことが効果的だろう。筆者の実践では，「初年次教育授業内の模擬授業」として，「教科書中心の授業」「板書中心の授業（2017年度以降は，スライド中心の授業）」「プリント中心の授業」を短時間で行い，学生には明示的に「授業のスタイルに合わせてノートの取り方を工夫するように」と指示をしている。これが第2段階である。第1段階において，まだ「できているつもり」だった学生のうち何割かは，この第2段階で「できると思っていたが，実際にはまだ自分にはできない」と気づくだろう。これは望ましい状態に移行したといえる。しかしこの第2段階でも，まだ「わかったつもり」「できているつもり」の状態にとどまる学生はいるだろう。異なるスタイルの授業に対して，確かにノートの取り方を変えることはできるかもしれない（変えるように明示的に指示していればなおさらのことである）。だがそのノートが，本当に役立つノートになっているかどうかは別問題である。

　そこで，第3段階に進むことになる。ここでいうノートが「役立つ」とは，学生にとって直近の期末試験対策として有効であると位置づけるのがもっとも切実であり，説得力を持つであろう。

　第3段階では，大学の期末試験の形式として典型的なものの一つである，論述形式の問いに回答するよう求めている。筆者の実践においては，第2段階から第3段階までの間，1週間空けている。たった1週間であっても，授業内模

擬授業の内容はほとんど忘却されている。そこで、「持ち込み可」の試験を想定し、1週間前にとった自分のノートを見ながらでよいので、論述形式の問題に取り組むこととしている。ここで留意しておくべきは、出題形式を論述にしていることである。単に用語の穴埋めや記号選択の形式では、授業内容を表面的に記録しているだけでも回答できてしまい、学生にノートの取り方を改善させるための気づきを与えることができない。しかし「○○について説明せよ」という形式であれば、授業内容を理解していることが前提となり、その理解の過程をノートに記録しておかなくては適切な回答ができない。また、そのことを実質化するために、第2段階においては、第3段階で回答になり得る説明自体はしっかり行っているものの、板書・スライドにその説明そのものは提示していない。つまり、学生にとってそのままではやや難解な情報が、教員による口頭での説明によって理解可能になるように第2段階の模擬授業を行っているのだが、その「理解できるようになった」過程そのものを自主的にノートに取っているかどうかが、第3段階で回答できるかどうかの鍵となっている。

この第3段階での体験によって、ようやく全学生が「今のままのノートの取り方では、期末試験が大変なことになる」と、自分のノートの取り方を変える必要があることに気づけるようになるのである。

なお、以上の授業実践は、法政大学の Web (http://fd.media.hosei.ac.jp/) においてモデル授業として公開されているので参照されたい（モデル授業に関する詳細は、藤田 2008）。

3 理論編──「わかったつもり」に関わる心理学的枠組み

前節で紹介した実践例は、「ノートの取り方」を題材としているが、その理論的背景に着目することで、別の学習スキル（たとえばプレゼンテーションスキルや文章作成スキル）の指導にも応用可能と思われる。そこで、本節では前述の実践例の背後にある心理学的な枠組みについて説明する。

メタ認知

メタ認知とは、「認知に関する認知」のことで、学習場面であれば、自分の理解度などを客観的に評価するモニタリングや、その評価に応じて自分の学習行動を適切にコントロールするメタ認知的活動と、ある学習方略（学習に取り組

む際の戦略的な方法）がどのような状況で有効なのかや，自分自身の得手不得手などに関するメタ認知的知識に大別される（詳細は，藤田 2007，第7章）。いずれも重要な役割を持つが，「わかったつもり」はメタ認知のモニタリングが不正確な状態といえる。また，単に受動的に課題をこなすだけではなくて，その課題遂行中に，自分がうまくやれているか，修正の必要がないかを評価するのもモニタリングであり，本章で何度も述べてきた「気づき」はモニタリングの一種である。メタ認知は必ずしも正確とは限らないので，不正確であることに気づけるような状況を授業として設定することが有益だと思われる。

　たとえば前節で紹介した，「論述形式の問いに答えてみる」などが該当する。それまでは「自分はできている」というメタ認知を持っていた学生が，うまく回答できないという状況に直面することで「実はできていない」と気づく機会となる。何も課題に従事していなければメタ認知の修正もなされないだろう。ただ，まがりなりにも回答を書けた場合には，その適切さについて評価することが必要となる。教員が添削するのも一つの手段ではあるが，学生同士のペアワークを活用することもできる。相互に回答についてコメントし合うことで，ペアによる他者評価によって自己評価基準が修正されたり評価の観点が豊富になることが期待できるだろう。

手続記憶と意味記憶

　ここで改めて注意喚起しておきたいのは，教員の側にも「できているつもり」は起こりうるということである。とりわけ，前節の第1段階でノートの取り方の指導を終えてしまったのでは，教員も「これで学生にノートの取り方を教えることができた」というつもりになっているだけなのかもしれない。言語的に説明しただけでも，多くの学生は「なるほど，わかった」という反応を示すので，教員もこの段階で教育目標が達成できていると受け止めがちであるが，学生が頭で知識として理解したからといって，適切に行動できるとは限らない。

　このことは，意味記憶（あるいは宣言的知識）と手続記憶（あるいは手続的知識）の区分により明快になる。意味記憶とは言語的に表現・伝達しうる一般的な知識を指す。手続記憶は運動技能や認知技能に関する記憶で，学習スキルはこちらに分類される（これらの記憶の区分に関する詳細は，藤田（2007）を参照されたい）。実際の行動として「できる状態」にならなければ，必要なスキル，すなわち手続記憶を獲得したことにならないが，それには反復訓練が必要である。いくら

頭ではわかっていても，すなわち言語的な説明を意味記憶として獲得していても，行動として実行できるとは限らないのである。このことは，自転車に乗れない人に「自転車の乗り方」をことばで説明し，その説明を言語的に暗記した（意味記憶を獲得した）としても，それで乗れるようになる（手続記憶を獲得した）わけではないのと同様である。また，手続記憶を獲得できたかどうかは，実際に当該の行動を実行できるかどうかでしか適切に評価することができない。学習者本人が自転車に乗れるようになったと思っていても，実際には乗れるようになっていないことは起こりうるので，学習者自身による自己評価は危うい場合もあると認識しておく方がよいだろう。

心理学のススメ

本章では紙幅の制約もあるため，心理学的な枠組みのうち，メタ認知と，手続記憶と意味記憶の区分のみを紹介したが，それ以外にも動機づけの理論（藤田 2005：2007）や自己調整学習の考え方（たとえば上淵 2004）は初年次教育の実践を考える上で有益だと思われる。これを機会に，教育心理学のテキストなどを，参照し直してみてはいかがだろうか。必ずしも，各理論をどのように授業実践に応用すべきかが明示されているとは限らないが，応用可能性を読み解くのも，ある意味で学生に求めている「自主的な学び」と同型であろう。

[参考文献]

中央教育審議会（2008）「学士課程教育の構築に向けて（答申）」文部科学省
藤田哲也（2005）「動機づけ理論をふまえた授業運営——京都光華女子大学における導入教育」溝上慎一・藤田哲也（編）『心理学者，大学教育への挑戦』ナカニシヤ出版，pp. 79-114.
——— （2006a）「初年次教育の目的と実際」『リメディアル教育研究』1（1），1-9.
——— （編）（2006b）『大学基礎講座——充実した大学生活をおくるために』（改増版）北大路書房
——— （編）（2007）『絶対役立つ教育心理学——実践の理論，理論を実践』ミネルヴァ書房
——— （2008）「法政大学における初年次教育モデル授業公開について」『初年次教育学会誌』1，81-88.
上淵寿（編）（2004）『動機づけ研究の最前線』北大路書房
山田礼子（2004）「わが国の導入教育の展開と同志社大学での実践」溝上慎一（編）『学生の学びを支援する大学教育』東信堂，pp. 246-271.

13章　身体と心をひらくということ
――身体知とコミュニティ

横山千晶

1　大学というコミュニティと多様性への気づき

　大学の主目的は，様々な「学び」のシステムの構築と提供である。同時に大学は，大きなコミュニティの役割を果たしている。それは，学生の課外活動拠点であり，飲食を伴う生活の場であり，心身の健康を支える場所である。そして大学は，学生を消費者とした町の経済活動の核であり，様々な専門家の協力を得て，外部に開かれたイベントや講座を開催し，学生とより広い社会や知を結ぶ接合点としても機能している。

　現在大学というシステムでは，それぞれの役割の分担が速やかに進み，新たな研究所やセンターが設立されるなど，学生を支えるネットワークは非常に複雑化している。また，既存の施設のアイデンティティも大きく変わりつつある。例えばITの進化によりこれまでの図書館の機能は変化し，情報収集と保存の場所であるだけではなく，データベースを管理し，多様な情報リテラシーや発信法を学生に伝えていく場所となっている（植村・柳 2017，溝上 2015）。おそらく初年次教育の第一の目標は，年々変化するこのコミュニティの構造とそこでの生活の仕方を，新たなメンバーである学生に教示することであろう。

　とはいえ，大学とは高校を卒業した学生たちがその大部分を占める，世代に偏りがあるコミュニティでもある。現在の学生たちは，文部科学省（2003）による「開かれた学校」の構想のもとで初等・中等教育を受けてきている。学校が地域社会の一員として外との連携を強め，「地域全体として子どもたちの成

長を支えていく」ことを目標としたカリキュラムに基づいて、学生たちはすでに高校までに何らかのコミュニティ活動を経て、他者や社会との出会いを経験している。大学に入ってからは、この地域との連携はより広く「地球市民」としてのアイデンティティの育成につながり、国際ボランティア活動も盛んにおこなわれるようになっている。

　しかし、そこでの教育的な意義は、あくまで地域や社会に「貢献」することであり、公共の精神の涵養が目標となっている。同時に高校までの地域貢献・社会連携活動が文字通りどれだけ「自発的」であるのか、と問われると、これも甚だ疑問である（例えば、武井 2017 を参照のこと）。

　高校までに経験した地域や、社会的弱者や、環境への貢献活動を、学生が自らの成長と学習につなげて意識し考察する場があってこそ、社会貢献の目標が果たされるのであり、大学において「自発的な（voluntary）」行動の概念の見直しと意義の再構築がなされるべきであろう。

　では年齢構成という点からは、その一部を抱えるに過ぎない「大学」というコミュニティにおいて、学生はどのように、この社会を構成する人々とそれぞれの考え方の多様性に気づき、自身もその多様性の中の一人にすぎないという自覚を身に着けていけばよいのか。そのような気づきは、社会に自発的に向き合う土台となるはずである。本章では慶應義塾大学でおこなわれている1つの試みを紹介した上で、初年次における他者理解の可能性について提案をおこないたい。

2　「身体知——新しい文学教育」の授業の成立

伝達される知を、身体と感情を通して「体得」する

　2009 年、慶應義塾大学教養研究センターは、文部科学省大学教育・学生支援推進事業［テーマ A］大学教育推進プログラム「身体知教育を通して行う教育言語力育成」を開始した。

　この事業の真の開始は 4 年前にさかのぼる。教室の中で教員の話を聞いて先達の築き上げた知を学ぶ、という講義形式の座学が大学の授業の一部を形成するのなら、その形式を補完し、伝えられる知を血肉化する手段はあるのだろうか。この新しい教育システムを考察するために、当センターは基盤研究会「身体知プロジェクト」を 2005 年 5 月に設立し、身体と感情を通した教育の理論構

築を進めていった（横山 2013）。同時に 2007 年より実験授業を立ち上げ，様々な表現形式に携わる専門家を講師として招き，夏季休暇の 1 週間を利用して日吉キャンパスで集中講義を開講し，研究で導かれる理論の有効性を検証した。

実験授業では主に文学作品を題材として扱った。紙面に文字であらわされた作品は，講義のみならず体を通し，音楽や美術といった他のツールによる表現を経て，他の学生たちとの共同作業を土台に，新たな解釈を可能とするだろうか。その成果を見るために，授業では解釈したことをもとに，表現アーティストたちの協力を得て，新たな創作の発信へとつなげていった。参加者の作品はどれも読みごたえ，聴きごたえのあるもので，十分な成果が得られた。

用いた題材は，2007 年度は D.H. ロレンス作『チャタレー夫人の恋人』，2008 年度はウィリアム・モリス作『ジョン・ボールの夢』，2009 年度はジョン・クッツェー作『動物の命』である（2008 年までの実験授業については，横山（2008）を参照のこと）。カリキュラムの構築に関しては，大学教員のファシリテーターを中心に，他の教員からなるプロジェクトメンバーと話し合いながら各時間の内容を決めていった。また，実験授業として，参加者からのフィードバックも毎回記録していった。かかわったアーティストたちは，コンテンポラリー・ダンサー，音楽家，演出家，狂言師，彫刻家など，多岐にわたる。アーティストにはあらかじめ題材を渡しておき，授業前に作品を基にして，どのようなワークショップをおこなうのか，話し合いを重ねて授業に臨んだ。

この 3 年間の実績を基に，文学作品をめぐる授業は 2010 年の夏から「身体知——新しい文学教育」（のちに「身体知——創造的コミュニケーションと言語力」と改題）というタイトルのもと，正規科目となった。

通信教育課程の学生と通学生との交流

身体知の実験授業の特徴は，参加者の世代の多様性である。夏季休暇中，慶應義塾大学では通信教育課程の学生たちがキャンパスで学ぶ。その学生たちに実験授業への参加を呼び掛けた。通信教育課程で学ぶ学生たちは，上は 80 歳代から下は 10 歳代と幅広く，昼は働きながら学んでいる者も多い。文学作品の読解においても，世代や性別，学びのスタイルの異なる参加者の間での協同学習は，多様な解釈を提供することになった。

参加者のアンケートからも，この交流と，身体ワークショップを通した言語表現の解釈という学びの形式が，非常に高く評価されていることが判明し，

2010年度に通学課程と並んで通信教育課程でも正規科目化が決定された。現在この夏季集中講座は，通信教育課程生10名と通学課程生10名をそれぞれ選抜し，20名を定員とする少人数科目として開講されている。開講してから，2010年は『チャタレー夫人の恋人』，2011年は現代詩，2012年，2013年，2014年，2016年はビートルズを題材に，法学部教授の武藤浩史氏が担当し，2015年，2017年は筆者が担当した。

以下，筆者の担当した2か年のうち，2015年の授業を中心に，異世代間・異文化間のコミュニティが形成され，それが自己理解，他者理解を促し，ひいては作品の解釈を深めていった様子を紹介し，分析してみたい。

3　自らの声を聞く・他者の声を聞く——世代を超えた学びの場

世代をつなぐ共通のテーマ——「記憶」について

2015年度，2017年度の「身体知」では「読む・聞く・創作する」という3つの過程を中心に作品の解釈をおこなった。その際に「朗読」を一つの切り口とした。

2015年度は8月12日から17日までの6日間の集中講義で，参加者は通信生が17名（20歳代から60歳代），通学生（大学1年生と2年生）が7名である。初日の12日に資料1のようなシラバスを配布した。また，各日の最後には振り返りシートを持ち帰り，思ったままを記述し，次の日の授業で提出してもらうようにした。

資料1　2015年度「身体知——創造的コミュニケーションと言語力」シラバス
　　　（ファシリテーター：横山千晶）

クラスの運営について

　「声」と「記憶」に着目して，文学作品と他者とのコミュニケーションから得た着想を，自らの創作につなげ，朗読会（成果発表会）を行います。最終的な創作は公開の形で発表します。
　このクラスではまずは朗読を通して自らの声を発見するところから「聞く」ことを経て，創作へとつなげていきます。クラスでは以下のプロセスを踏んでいきます。
1．まず体を意識してみる
　言葉を発する自分たちの体を意識してみます。また言語に限らない，さまざまな表現媒体を使って自分の表現力を広げてみます。授業は個人ワークのみならず，ペアワーク，グループワークを使って行います。

2．自分の言葉を見つける

翻訳が発表されていない英文学作品を言葉をあまり推敲せずに訳したものを声に出して読みながら，自分にとっての「言葉」に置き換えていく作業を行います。グループワークを通して議論し，解釈することで，自分にあった「言葉」を見つけ出すことからはじめます。

3．声に出す

続いて自ら見出した言葉を朗読することで，自らの声を見つける作業を行います。うまく読む必要はありません。むしろ，自分らしい「声」を見出してください。どの文章を読んでいるときに一番声が出やすいか。読むことで解釈は変わってくるか。同じ文章でも他人が読むとどうなるのか，を意識してみます。

4．聞く，そして創作する

その次は「聞く」作業に入ります。他者の話を聞くことから，自分なりのその話の解釈へとつなげ，そこから創作活動を行います。1と2で踏んできたプロセスを活かしてください。創作しながらどんどん意見交換も行っていきます。

5．発表する・聴衆と意見交換をする

最終作品は発表会の中で一般に公開します。発表のあとで聴衆との意見交換を行います。発表の形態については授業の中で，皆で話し合っていきます。朗読言語は何語でもかまいませんが，日本語以外の場合には字幕をつけます。

6日間で何をやるか

1日目： ①お互いを知る。身体的なワークショップ
　　　　(1) ボディパーカッション1／(2) ボディパーカッション2／(3) 相手にプレゼントをあげる
②ジェイムズ・ジョイスの "The Dead" からの抜粋を読んでみる
　　　　(1) 自分で黙読してみる／(2) 声に出して読んでみる／(3) 他者と話し合う／(4) 好きな箇所を選んで他者と読んでみる／(5) この作品に出てきた "The Lass of Aughrim" を歌ってみる
③今日の振り返り（振り返りシートに記入）
（宿題：ジェニー・ホロウェルの短編の試訳を読んでくる）

2日目： ①身体ワークショップ
　　　　(1) 呼吸をやり取りする／(2) 相手の名前を呼びながら呼吸をやり取りする／(3)「別れ」の場面を演ずる／(4) ブラインドウォーク　その1／(5) ブラインドウォークについてパートナーと振り返り
②ジェニー・ホロウェルの物語を読んでみる
　　　　(1) 自分の言葉に置き換える／(2) 自分の好きな箇所を選んでみる／(3) グループで朗読する（戸外で読んでみる）
③今日の振り返り（振り返りシートに記入）
（宿題：大学の帰り，行きの時間をゆっくり味わう
スティーヴン・ミルハウザーの "Getting Closer" の試訳を読んでくる）

3日目： ①思い出してみる
　　　　(1) ブラインドウォーク　その2（同じペアで役割を変える）／(2) ブラインドウォークの思い出を絵に描いてみる／(3) 他者と思い出，分析を共有する

②スティーヴン・ミルハウザーの "Getting Closer" を読んでみる
　　　(1) 自分の言葉に置き換える／(2) 自分の好きな箇所を選んでみる／(3) クラス全体で輪読する
　　③今日の振り返り（振り返りシートに記入）
　　（宿題：自分語りのテーマを決める）
4日目：① "Getting Closer" をグループで読んでみる，語ってみる（戸外で）
　　②傾聴と語り：語ってみる，聞いてみる（好きな場所で）
　　　(1) 原稿なしでペアで語ってみる／(2) まず聞く／(3) 質問する
　　③他者の語りから物語を創造する
　　（宿題：創作をしてみる）
5日目：①クラス内での創作と批評
　　②発表会の役割分担
　　③発表会の準備
6日目：①発表会の準備
　　②発表会
　　③聴衆との意見交換，振り返り

　この集中講義のテーマは「記憶」とし，3つの作品を選んだ。1つ目はアイルランド出身の作家，ジェイムズ・ジョイスの『ダブリン市民 (Dubliners)』の中の章，「死者たち (The Dead)」からの抜粋，2作品はアメリカの若手作家，ジェニー・ホロウェルの短編「あなたを含め，何もかもの歴史 (A History of Everything, including You)」，そして3作目はアメリカのピュリッツァー賞受賞作家，スティーヴン・ミルハウザーの短編「だんだん近づいていく (Getting Closer)」である。ジョイスの作品に関しては翻訳が多数出ており，その中の1つを選んで使用したが，あとの2つは日本では未訳の作品である。

　この3つの作品の選択には理由がある。いずれも人生のある過程における「記憶」をテーマとしている，という点である。1作目の「死者たち」では中年の夫婦が中心に据えられるが，主人公の夫は，ふとしたきっかけで妻の若いころの出来事について知ることになる。妻の記憶を呼び覚ますのは，ある歌（「オーグリムの乙女 [The Lass of Aughrim]」）である。

　2作目は夫を亡くした女性がそれまでの過去を振り返るというものだが，短い物語の中で，宇宙の誕生に始まり，ある一人（自分も含めれば二人）の人生が走馬灯のように語られていく。個人の記憶は，その時どきにはやったものなど，文化的事象のキーワードの羅列として語られていくが，やがてその記憶がさらに長い宇宙と地球の歴史の中のほんの一瞬の，しかし永遠の輝きとして記されていることを読者は理解する。

そして3つ目の作品は9歳の男の子の、ある夏の出来事を観察的に描いたもので、ほんの10分程度の間に起こる彼の意識の流れをつづったものである。楽しみにしていた夏のキャンプに出掛け、準備万端、これからまさに川に飛び込もうとする一瞬。この短い時間の中で彼の感覚は鋭敏になり、どこまでも引き延ばされる。楽しいことは始まってしまえばあとは終わるしかない。9歳の男の子が、時は前にしか進まず、生きているものはすべて死ぬという命の有限性に気づくその瞬間を、作者は感情をさしはさまずに淡々と描き切る。この3作目での「記憶」は、その時に見たものと体の感覚である。その経験がやがて思春期を迎えようとする子供にとってのエピファニーにつながってくる。

　この3作品は人生のそれぞれの過程を切り取っているために、異なる世代の参加者たちが個々の人生と記憶に引き寄せて読むことができる、と推測された。また、記憶というテーマにつなげて身体ワークショップを取り入れることで、物語の内と外に広がる身体知を経験する機会を設けた。

朗読──まず自分を自分にひらく、そして他者に自分をひらく

　「自分探し」という言葉が端的に示すように、「自分」はいつでも新たな発見の対象である。授業は「声に出して読む」という行為を通じて、自分の声、そして普段は気づかない自分の側面を見出すことから始めた。このための題材が、1日目の「死者たち」である。あるきっかけで妻の若いころの思い出が想起され、その思い出を初めて妻の口からきいた主人公は、最後に彼女の視点に立って過去に思いをはせる。物語のこの設定は、それぞれの登場人物に、朗読者が何らかの共感を覚えることが予想された。

　授業ではまず個人の朗読から始めた。部屋の中のどこでも好きなところで声に出して読んでみる。朗読を通じて、それぞれの思いが湧き上がってきたところで、集まって他者の朗読を聞き、その後話し合いをおこなった。同じセリフや同じ箇所なのに、読み方を変えることで異なる解釈が浮かび上がる。どうしてそのように読んだのか、と質問する参加者もいれば、他者の朗読を聞くことで、まったく異なる物語が見えてきた、と述べる参加者もいた。

　しかし、全員がそのことに面白みを感じたわけではない。朗読で「一人一人、捉え方が違うということが、音読をしてみてはっきり確認できた。一つの言葉の発音の仕方が違うだけで、自分のイメージとまったく違うものになる。それが積み重なると強い異和感になった」と振り返った参加者（通信生）もいたし、

朗読に関しては，女性の方が積極的であることに対して，「題材が男女の物語であるので，男性からの視点や心情といった部分が全体の場では不足していた」ことを指摘する男性参加者（通信生）もいた。

一方，通学生はこの初日の経験を全員肯定的に受け入れた。2年生の男子は「社会人（？）大人（？）の視点は積極的に聞いていきたい。世界は狭いようで広いなあ」と「振り返り」の中でつづっている。

2つ目，3つ目の題材は前項にも書いたように，未訳の作品であり，ファシリテーターが用意した翻訳を使った。未発表の翻訳作品を使った理由は，読むうえで朗読者がタイトルも含め，自由に言葉を変更することができるためである。朗読するうちに，意味はほとんどそのままでも言葉遣いや表現を変えることで，作品をより自分の声や解釈に近いものにすることができる。

2作目の「あなたを含め，何もかもの歴史」は大きな宇宙の歴史の中に個人の小さな歴史を埋め込んだ作品であり，その広い世界観を味わうために，そしてその感覚を追体験するために，ペアになり，1人が目をつぶり，1人が案内人になってキャンパス内の様々なところを歩き，物に触ったり，つぶった瞼を通して日光を感じたり，風や空気の流れを感じてみる，という「ブラインドウォーク」をおこなった。相手を信頼して歩くというこのワークショップを経ることで，初日に不安を感じていた参加者も「日に日に自分が解放されていくような気がする」と述べ，他者と共にいることに気持ちのよさを感じるようになっている。また案内人を務めた参加者の1人も「一瞬ではあるが，デジャヴ感があった（昔のある記憶がよみがえった）」と述べている。

その後朗読に移っていったが，多くの参加者が，朗読することで黙読していた時と全く解釈が変わった，という感想を述べている。生まれた時から大人になっていく過程を経て，主人公は，夫の死後，明るいものか昏いものかはわからない新たな未来に向かおうとする。この物語は，それぞれが好む箇所が全く異なった。そして主に，通信課程の学生がディスカッションをけん引していった。

3日目に扱った「だんだん近づいていく」は，夏のキャンプ場で川に飛び込む寸前に，少年が楽しみのクライマックスに到達するまでの間を少しでも引き延ばそうと，川へと降りていく道すがら，周りで起こっていることに全神経を集中させて，己の中で時の流れを止めようとする物語である。今まで何気なく見ていたすべてのものが，新たな色や感覚を伴って目の前に繰り広げられ

る。最後に男の子は大声をあげて川に飛び込むことで物語が終わる。2日目のブラインドウォークに引き続き，今度はペアの役割を交替して，この主人公の感覚を再体験するつもりで戸外を歩き，その後最も自分の中で鮮烈に残っているイメージを絵に表現するというワークショップをおこなった。続いて朗読をおこなってみたが，ここで大変面白いことが起こった。2作目とは異なり，この3作目のディスカッションを引っぱったのは通学生であった。数名が，この最後を10歳を目前にした男の子の自殺，と解釈した，という。通信生にとってこの解釈は大きな関心を持って受け止められた。成長への反発というテーマは，若い学生に身近な経験を思い起こさせたのかもしれない。

他者の話を聞いて創作する

　4日目はこれまでの作品に対しての振り返りをおこない，「だんだん近づいていく」の朗読を，戸外でおこなってみた。そこから他者の話を聞くという作業に移っていった。ここから授業は次の段階を迎える。前日に新たなガイダンス資料を配布しておき（傾聴の具体的な方法や，個人的な情報に立ち入らないことなどの注意事項），今度は語り，聞き，そこから創作につなげるというプロセスに入った。当初はペアになってこの語りと傾聴をおこなうことを予定していたのだが，3人というグループも多く見られた。この語りと傾聴はどこでおこなってもよいということにした。多くの人々が戸外に出ていって散歩したり，木陰を見つけて座ったりして語り合いをおこなった。

　続く創作では，他者の語りから作品を作るという人はほとんどおらず，自分の体験や経験を物語にするという参加者が大半であった。しかし，自発的にそれらの物語の発表に他者が参加する，あるいは他者に参加してほしいと創作者が頼むという形式になった。おそらく2日間で他者の話を聞き，それを物語にするというプロセスには無理があったといえる。参加者の1人（通信生）が指摘したように，「グループで「散歩」するという行為そのものが物語であり，（中略）そこから他者の物語を「創作する」というのは難しい」のである。しかし，この通信生の言葉があらわすように，このグループでの散歩だけではなく，今までの授業を通してより深く他者を知るようになったからこそ，他者を巻き込んだ創作発表が可能になったといえる。

　最終的に出来上がった創作グループは，同世代ばかりで集まるのではなく，みごとに通学生と通信生の混合グループとなっていた。また参加者の多くが授

業で扱った3つの作品を朗読したいと申し出た。その朗読方法も様々で，1つの物語を複数で分担して読むなど，それぞれが工夫を凝らしていた。

　5日目は創作発表会に向けての個人練習・グループ練習にあてた。全員が個人による朗読以外にグループでの創作発表もおこない，意見を出し合って，音楽や絵や写真や，踊りや寸劇，お笑いを取り入れた発表へと創作物を発展させていった。ファシリテーターと次の項でも紹介する観察者は，随時創作のアドバイスをおこないつつ，共同作業の行方を見守った。

　創作と朗読は，5日目の内部発表会を経て，最終日に，一般聴衆にも公開の形で発表されることとなった。

「みまもり」と「振り返り」

　身体知の実験授業では，参加者が身体的・精神的な不安を感じることなく安心して課題に取り組んでいるかという「みまもり」と観察をおこなう臨床心理士が同席したが，今回の集中講義では，大阪大学の大学院でコミュニティ・アートの研究をおこなっている学生に観察者になってもらった。彼には，カリキュラムの構築段階からアドバイスをもらうと同時に，ペアワークや身体ワークショップで戸惑いを感じている学生への声掛けをおこなったり，パートナーになってもらうなど，授業そのものに積極的にかかわってもらった。

　また，本節の冒頭で述べたように，各日の授業の最後に振り返りシートを配布して，次の日に提出してもらうようにした。質問内容は全体の記録（「今日おこなったことで印象に残ったこと，疑問に思ったこと，不安に思ったこと」）と，それぞれのワークに関しての自分や他者に対する気づきの記録である。この振り返りシートそのものが，みまもりの機能を果たしてくれるが，中には非常に詳細に自分の中の変化を記録しているものもあり，振り返りシートの記録がそのまま「作品」と呼べるものもあった。

　この振り返りシートでは，「対自・対他」の経験の有無，気づきや「他者理解」の有無，そして5段階評価など，選択的・数値的な質問は設定しない。身体知の授業で受け止める気づきとその時期はそれぞれである。最初から外部に積極的に自分をひらいていこうとする参加者もいれば，ゆっくりと変化を感じていく参加者もいる。そして自分の中へと深く入っていこうとする参加者もいれば，他者を積極的に理解したいという参加者もいる。授業の中で，それぞれが自分の立ち位置を確認していくのである。やがては各自の目的に沿って，意

識的にその日の授業を受け入れていくようになればよいが，その受容がうまくいかないときもある。変化と授業の受容は常に肯定的な右肩上がりとは限らない。6日間の中でも波がある。その意味で授業担当者はあくまでファシリテーターの立場をとり，インストラクターではない（成績評価は各授業への参加意欲と最終成果物としての創作品による）。

この授業の目標は，文学作品を通して自己をひらき，他者を受け入れる過程で，作品の解釈を深めていくことであるが，授業の中で自分自身をひらくという行為は，それなりの危険もはらんでいる。実験授業の時期も含めて，身体知のクラスでは，身体ワークショップを多用するが，活動中に生まれた自らの感情に（過去の嫌な思い出や，今自分の対峙している大きな問題の想起，など），うまく対処できずに戸惑うケースや，他者とのワークショップ中に緊張のあまり過呼吸を起こしてしまうというケースも今までに起こった。あらためてその時に起こった感情や体感をやり過ごさずに振り返ることは，重要である。2017年の身体知の夏季集中授業では，振り返りシートの配布の前に，各日の最後，あるいは翌日の最初に参加者全体でそれまでの「振り返り」をおこなうことで，全員でそれぞれの思いを共有するようにした。その場その場の感情や他者との関係性にどのように対峙し，またその経験を自分の中で反芻していくのかは，集まるメンバーによって様々な方法があろう。

また，2015年，2017年の双方を通じて，授業終了後に「全体振り返りレポート」を提出してもらった。そこでは，以下の6つの質問を問いかけた。(1)この授業は予想していた・あるいは期待していた通りのものであったか，(2)授業の中で記憶に残っていること，(3) 6日間を通しての自分の中での変化，(4)扱った題材，ワークショップ，朗読，発表会についての自由な意見，(5)改良点，(6)他の学生たちにこの授業を勧めるかどうか。

2015年，2017年を通じて授業への評価は非常に高く，新たな知や異なる意見を，積極的に受け入れていこうとする姿勢を確立できたことを認める参加者が大半を占めた。その最も大きな要因は，異なる世代と人生経験を持つ学生が学び合うこと，および身体ワークショップの導入と発表する機会にあることは，通信生・通学生が共に指摘していることであり，これは実験授業の時の学生評価同様の結果となっている。

4　身体知とコミュニティ

　身体知を受講した通学生の意見に耳を傾けると，20歳を過ぎても彼ら・彼女らは社会人としての自覚を持っていない。自分はあくまで社会に出る前の学生である，という認識である。再び本章の最初に戻れば，大学はすでに1つのコミュニティなのであり，その社会的な構造に初年次の学生たちをなじませることは，大学にとっての急務であるが，同時にこの閉じられたコミュニティの外に学生たちの目を向けさせる必要がある。その意味で，身体知の授業の中での通学生と通信生の出会いは，双方にとって大きな学びとなるのみならず，自己理解・他者理解の機会として機能しているといえる。

　本書の7章で学生の多様化について論じられているとおり，大学の構成員の多様化は，障害のあるなしと障害そのものの多様化，性的マイノリティの問題を含めて，これからさらに進んでいくであろう。一見均一化して見える学生たちのアイデンティティの多様性と様々な格差を大学は常に意識するべきであるし，その受容について積極的に考えていく必要がある。なぜならば，大学における多様性は，今私たちが生きている社会の多様性をそのまま反映しているからである。

　今後，そのような社会で生きていく学生にとって，他者理解はフィールドワークや当事者の話を聞くという決められた枠組みの中でおこなわれるのでもなければ，ボランティアという，思いやりの涵養を目的とした中でのみおこなわれるものでもないだろう。他者にとって自らもまた多様な人間の1人なのである。また多様性があるからこそ，共同作業や協同学習は刺激に満ちたものとなり，互いに学ぶこともそれだけ大きくなる。そのような多様性に対して自らの体と心をひらき，学んでいくシステムを，初年次教育から構築していくことは，これからの大学教育の重要な課題となるだろう。その過程の中で，初めて大学という学びの場は社会に「開かれた」場となるのである。

[参考文献]

溝上智恵子（編）（2015）『世界のラーニング・コモンズ——大学教育と「学び」の空間モデル』樹村房

文部科学省（編）(2003)『文部科学白書〈平成 14 年度〉』
武井哲郎（2017）『「開かれた学校」の功罪——ボランティアの参入と子どもの排除／包摂』明石書店
植村八潮・柳与志夫（編）(2017)『ポストデジタル時代の公共図書館』勉誠出版
横山千晶（2008）「慶應義塾大学教養研究センターの実験授業——「声プロジェクト」と「新しい文学教育」」『初年次教育学会誌』1 (1), 89-97.
――――（2013）「自己を表現する，発見する——身体知の可能性」初年次教育学会（編）『初年次教育の現状と未来』世界思想社, pp. 177-189.

14章　初年次教育としてのライティング科目

成田秀夫・山本啓一

1　大学教育におけるライティング科目の意義

高等教育の大衆化とライティング科目

　今や多くの日本の大学では、大学生の「書く力」を育成する「ライティング科目」が初年次教育の一環として設置されている。文部科学省（2016）によれば、同種のプログラムを設置している大学は、2009年の時点で533大学（72.9％）、2014年で636大学（86.2％）にのぼっている。

　大学で「日本語」のライティング科目が設置されるようになった背景には、少子化や大学進学率の上昇に伴う学生の多様化がある。基礎学力が十分でない学生から大学受験を突破する学力は十分であっても書く経験のない学生まで、様々な学生ニーズに応えるべく、ライティング科目も多様化している。

　井下（2013）は、大学におけるライティング科目の変遷を5段階に区分している。すなわち、問題意識の芽生えた1980年代を「黎明期」、日本語表現科目が創設され始めた1990年代を「草創期」、初年次教育の一環として位置づけられた2000年代を「普及期」、転換点に立ち多様な取り組みが模索された2010年代を「転換期」、そしてディシプリンと教養が発展の鍵とされる現在を「発展期」としている。われわれは黎明期からライティング科目に関わってきたが、黎明期においてはリメディアル教育や初年次教育という言葉もなく、高校までの作文指導と大学でのライティングの違いも整理されないまま、漢字ドリルを課したり、新聞を読んで感想文を書かせたりといった対処療法的な取り組みが

散見された。しかし，2008年の初年次教育学会の設立にともない，初年次教育の概念と課題が明確化されるなかで，ライティング科目が初年次教育の一環として捉えられるようになり，普及期を経て現在へと至っている。

初年次教育としてのライティング科目の意義

現在，ライティング科目と称される科目にはどのような特徴があるだろうか。ここでは，成田・大島・中村（2014）にしたがって，大学の実情に即した「重点目標」という観点から科目の意義を確認しておきたい。ここでいう重点目標とは，ディプロマ・ポリシーと連動した初年次教育の目標と入学した学生の実態との差をどのように埋めるかという観点から整理したものである。

重点目標Ⅰ：能動的な学習（アクティブラーニング）を通して基本的な日本語リテラシーを獲得する

Ⅰでは，「識字」レベルのリテラシーの習得を踏まえ，日本語リテラシーの基本的な知識や技能を習得しつつ，「主体的・能動的に学ぶ態度」を育成することが課題となる。これは，マーチン・トロウの言うユニバーサル化した大学の初年次教育が念頭に置かれている。

ここでは，受動的な学びが染みついている学生を「能動的な学び（アクティブラーニング）」へと転換させつつ，基本的なリテラシーの育成を図ることが求められている。

重点目標Ⅱ：社会で活躍するためのジェネリック・スキル（汎用的能力）を育成する

Ⅱでは，学士課程教育に必要なレポートや論文の作成，プレゼンテーションといった「スタディ・スキル」の育成が課題となる。レポート作成の過程では，情報を収集し，それらを分析して解決すべき課題を発見し，解決策を構想してレポートとして表現するという，一連の能力が必要になってくる。こうした能力は大学教育全般で求められていると同時に，グローバル化した変化の激しい現代社会を生きるために必要な力でもある。この力は「ジェネリック・スキル」（汎用的能力）と呼ばれることが多い。

ジェネリック・スキルの育成は，キャリア教育とも結びついている。文部科学省（2011）が示すように，キャリア教育とは，一人ひとりが社会的・職業的自立にむけて必要な基礎的・汎用的能力（ジェネリック・スキル）の育成を目指している。生涯に渡って学び続ける力を養成することが，目的でもある。

重点目標Ⅲ：専門教育につながる情報・知識の活用能力を養成する

Ⅲでは，専門教育と融合しつつ，専門で学んだ知識を活かし，学習課題，研究課題に取り組むための基礎となる「書く力」の育成が課題となる。専門領域にはそれぞれのディシプリンがあり，論文作成の作法や様式も異なっているが，専門を意識したライティング・スキルの育成を初年次教育の一環として行うことは，専門教育へのスムーズな移行を可能にする。

2 ライティング科目を成功させる6つの秘訣

では，初年次教育としてのライティング科目を有意義なものにするためにはどのようなことが必要であろうか。この章ではわれわれの実践的な知見をもとに，次のA～Fのような「6つの秘訣」として整理してみたい。

A：ディプロマ・ポリシーと連動した目的・目標の設定とシラバスの作成

現在，日本の大学は，ディプロマ・ポリシー，カリキュラム・ポリシー，アドミッション・ポリシーに基づいて大学教育の諸活動を実施するとともに，その結果を自己点検・評価しそれを踏まえた改善に取り組むという，大学教育の内部質保証システムの確立が求められている。おおよその大学ではポリシーの策定が終わっているが，今後はこの3つのポリシーの実質化が課題となる。

初年次教育としてのライティング科目をデザインする際にも，3つのポリシーとの関連性を意識すべきである。特に，ディプロマ・ポリシー（以下，DPとする）を実現するために，初年次教育のライティング科目を通してどのような資質・能力を育成するのかを明らかにする必要がある。各大学によって事情は異なると思われるが，前節の「3つの重点目標」が目安になるだろう。

ところで，こうした授業のデザインはシラバスとして表現される。栗田・日本教育研究イノベーションセンター（2017）が大学教育を体系的に整理してい

るが，ここでは科目の目的・目標に絞って確認しておこう。「目的」とは，学生になぜこれを学ばなければならないか，学ぶことでどのような知識・技能や資質・能力が身につくかを示したものであり，「目標」とは，目的を実現するためにできるようになってほしいことを具体的に記したものである。重点目標Ⅱの一例をあげると，下記のようになるだろう。

> 目的　与えられたテーマから課題を発見し，解決するための方策を考え，大学生にふさわしいレポートを作成できる。
> 目標　①テーマに関する情報を的確に収集できる。
> 　　　②集めた情報を分析して解決すべき課題を発見できる。
> 　　　③課題の解決策を構想できる。
> 　　　④自ら考えた結果をレポートにまとめることができる。
> 　　　⑤日本語表現のルールを踏まえて的確に書くことができる。

B：ライティング・プロセスの重視

ライティング科目では様々な手法や型などが開発されている。しかし，書かれたものは考えた結果を記したものであり，書くことと考えることは不即不離の関係である。とすれば，大島・大場・岩田（2009）や成田・大島・中村（2014）らが提案するように，考えるプロセスに即して書くことを学ぶ授業デザインが理に適っているだろう。具体的には次のようなプロセスが想定される。

> ①レポートを書くまでのプロセスを考える（計画立案）
> ②テーマに関する情報を多角的に収集する（情報収集）
> ③集めた情報を分析して本質的なことをつかむ（情報分析）
> ④解決すべきことを絞り込む（課題発見）
> ⑤リアリティのある解決策を構想する（構想）
> ⑥考えた結果をレポートにまとめる（表現）
> ⑦文章を読み返して直す（推敲・点検）

ただし，ライティングのプロセスは，①から⑦へと単線的に続くのではなく，それぞれを行きつ戻りつしながら思考を深めていくものである。

C：授業のユニット化

ライティングのプロセスを授業デザインとして可能にするのが，「授業のユニット化」である。ユニット化とは，15回の授業をいくつかのユニットに分割し，Bで示したプロセスをスパイラルに深めていくことを目指した授業デザインのことである。たとえば，表1のようにユニットごとにプロセスの重点を

設ける場合（3節事例1参照）や，15コマで1サイクルとする場合（3節事例3参照）などがある。

表1　15コマの授業をユニット化した例

ユニット（コマ）	概要
第1ユニット （2回〜4回）	「自分が打ち込んでいること」について400字で書く 重点目標：日本語表記の基本
第2ユニット （5回〜7回）	「コーチングを用いた会話」について600字で書く 重点目標：情報分析・課題発見
第3ユニット （9回〜11回）	「新卒一括採用の是非」について800字で書く 重点目標：課題発見・構想・表現
第4ユニット （12回〜14回）	「公園の迷惑行為の解消方法」について800字で書く 重点目標：課題発見・構想・表現

注：1回はガイダンス等，8回はレポート返却等，15回はふり返り

D：アクティブラーニングの組み込み

　書く力は，講義を聴いているだけでは養成されず，学生自身が考えて書くことではじめて身につくものである。したがって，アクティブラーニングの組み込みは，ライティング科目においては不可避である。

　アクティブラーニングの定義についてはBonwell & Eison (1991)，Felder & Brent (2009) などの先行研究があるが，溝上（2014）の「一方向的な知識伝達型講義を聴くという（受動的）学習を乗り越える意味での，あらゆる能動的な学習のこと。能動的な学習には，書く・話す・発表するなどの活動への関与と，そこで生じる認知プロセスの外化を伴う」という定義が，アクティブラーニングのミニマムかつスタンダードなものであると考える。この定義をよく見ると「学生」が隠れた主語になっており，教育から学習へという「教授学習パラダイムの転換」（溝上 2014）という意味が込められている。

　アクティブラーニングには様々な手法があるが，以下にライティングと親和性の高いものをあげておきたい。他の手法については，中井（2015），安永・関田・水野（2016），溝上・成田（2016）などを参照してほしい。

① シンク＝ペア＝シェア（Think-Pair-Share）
　個人で課題に取り組む→ペアで意見交換する→全体で共有する手法。自分の考えを他人に説明したり他人の考えを聴くことで，思考の深まりが期待できる。
② ジグソー学習法
　グループの人数に合わせて3〜6種類程度の資料を準備し，それぞれの資料を担当す

る者がエキスパートグループに分かれて分析・理解した後，グループに戻り，それぞれの持つ情報を統合して全体像を理解する手法。読解力を高めたり主体的に考える姿勢を育成することが期待される（3節事例1参照）。
③ ブレーンストーミング＆ KJ 法
　数人のグループで，あるテーマについて思いつくことをカードや付箋紙に書き出し，それらの関係性をもとにしてグループ化する手法。思考の拡散と収束を連続して行うことで柔軟な思考力の育成が期待できる。テーマについての情報分析や解決策の構想に威力を発揮する。
④ ピア・レスポンス（協働推敲）
　レポートの作成過程で，学生同士（ピア）で互いに批評し合う手法。相互批評によってレポートの客観性や質の向上が期待される（3節事例3参照）。

E：対自己・対人・対課題の3領域を意識したテーマ設定

　ライティング科目では書くためのテーマの吟味が大切である。テーマ設定が適切でないと，所期の目的が達成できない。われわれはライティング科目におけるテーマを表2のような3領域に分けて考えている。
　科目の目的・目標を達成するために，これらの領域を意識したうえで具体的なテーマを選定することになる。たとえば，前掲の表1は，ユニットごとに「対自己」「対人」「対課題」の順番でテーマが設定されている。

表2　ライティング科目におけるテーマの3領域

領域	内容
対自己領域	・目的：経験を振り返って成長する力を育成する ・キャリア教育，インターンシップ，PBL活動，リーダーシップ育成など，経験をふり返り自己の成長につなげるテーマ
対人領域	・目的：多様な他者を受け入れ，共感や説得する力を育成する ・他者へのアドバイスや，読み手に合わせた文章スタイルを考えるなど，対話的な視点が含まれるテーマ
対課題領域	・目的：解決策を構想・提案する力を育成する ・身の回りの出来事など，初年次でも解決可能なテーマ

F：教育観を相対化したうえでの教員の協働

　さて，秘訣の最後は教員の協働である。初年次教育のライティング科目では複数の教員が同じシラバス，同じ教材を用いて行う場合が多いが，同じ授業，同じ評価がなされているとは限らない。ここには大学教員の教育観・授業観の違いが顕在化されないまま横たわっている。このままの状態で授業を進めると，共通の理解はなかなか得られない。そこで，担当教員の意識合わせを目的とした FD（Faculty Development）が必要となる。
　教員の意識合わせとは，教員個々の潜在的な教育観・授業観，および学生観

を顕在化させることで自らの志向性を相対化し，他の教員との違いを認め合いながらも，ライティング科目の意義や目的・目標を共有化することである。ここでは具体的なFD研修のやり方やその際に用いるワークシートを掲載する紙幅の余裕がないため，成田・大島・中村（2014）を参照してほしい。

3 ライティング科目の事例

本節では，「3つの重点目標」と「6つの秘訣」をもとに3つの事例を紹介したい。各事例には重点目標のⅠ〜Ⅲ，秘訣のA〜Fをインジケーターとして示している。

事例1　日本語リテラシーを育成するライティング科目（九州国際大学・北陸大学）

> 九州国際大学法学部では，2010年から1年生全員が履修する文章表現科目を導入している（成田・大島・中村 2014）。その後，授業開発を行った筆者の異動に伴い，北陸大学経済経営学部でも2016年度から同内容の授業が展開されるようになった。授業の概要を6つの秘訣に沿ってまとめてみよう。
>
> 　　重点目標：Ⅰ→Ⅱ　　　秘訣：A・B・C・D・E・F
>
> A　授業の目的は，「与えられた情報を踏まえて自分の考えを論理的に主張し，課題解決を提案できる文章が書けるようになること」と設定されており，「知識を使って現代社会の問題を分析し考察することができる」という学部のDPと関連づけられている。
> B　「情報分析→課題発見→構想→表現」といった知識活用（リテラシー）のプロセスにもとづいた授業デザインになっている。
> C　3コマを1ユニットとしている（表1参照）。1コマ目がテーマの提示と資料の読解，2コマ目でさらに発展的な資料の読解を行う。3コマ目で文章のアウトラインを作成し，800字程度の文章を書く。
> D　1コマ目，2コマ目でそれぞれ用意された3種類の資料を学生はジグソー学習法によって読解する。また，作成したアウトラインに対してピア・レスポンスも行う。
> E　先の表1に示したように，ユニットごとに設定されるテーマが変わる。
> F　授業を導入するにあたって，教員間の意識合わせを行うFDを実施したうえで，担当教員が独自教材を作成している。4名の教員が1ユニットずつ分担して作成すれば，全部で4ユニット，すなわち合計12コマの教材となる。この教材を教員全員が共有し，同一の授業を実施している。この方法は，結果として教員の負担を大きく軽減する仕組みとなっている。

事例2　経験の言語化を行うライティング科目（北陸大学）

　キャリア教育から派生したライティング科目が多くの大学で導入されている。そうした科目では「経験の言語化」，すなわちリフレクションがポイントとなる。
　ここではそのひとつとして，経験の言語化を探究した哲学者・心理学者であるユージン・ジェンドリンが創始し，得丸さと子（2008）がライティング科目としてデザインしたTAE（Thinking At the Edge）の手法に注目したい。TAEとはジェンドリンによれば，「何か言葉にしようとするのだが最初はぼんやりとした「からだの感覚」としてだけ浮かんでくるものを，新しい用語を用いてはっきり表すための系統だった方法」のことである（諸富・村里・末武 2009）。TAEを授業に組み込んだ事例としては日本女子体育大学や北陸大学等がある。北陸大学の科目に関して，TAEに関する部分のみ焦点を当てると，以下のようになる。

　　重点目標：Ⅱ　　　秘訣：A・B・D・E

A　シラバスでは，「考える力と経験から学ぶ力の両方の書く力を身につけることによって，社会に出て成長し続けられる力（生きる力）へと繋がる」と位置づけられている。DPでも「経験から学ぶ力」が設定されている。
B　TAEは，「経験をもとにぼんやりとした「からだの感覚」として浮かんでくるものを感覚的に捉える」（フェルトセンスをもとにマイセンテンスを見出す）ことから，「経験した場面からパターンを見出し，抽象化する」というプロセスで進行する。プロセスごとに活用するワークシートがある。
D　プロセスごとに作成した文章をシェアしたり，成果物に対してお互いにコメントを付け合うなど，他者の視点を認め合う雰囲気を重視する。
E　「私が輝く瞬間」といった対自己領域のテーマが設定されている。また，対課題領域のテーマでも，資料から課題を発見するだけでなく，自己の経験を想起し，両者を合わせて自分なりの表現を見出すという試みも行われている。

事例3　学術的な探究力を身につけるライティング科目（東京海洋大学）

　東京海洋大学では，大学での学修や研究との関連性を見据え，探究型レポートを書くことを志向する「アカデミック・ライティング」が2001年から必修化されている（大島・大場・岩田 2009）。

　　重点目標：Ⅲ　　　秘訣：A・B・C・D・E・F

A　「1年生にレポートの書き方や発表・討論の方法を身につけ」「専門の知につなげる」という目的で論証型のレポートの作成と発表を目指す。DPには「深い専門的知識・技術による課題探究，問題解決能力」とある。

B 「情報・知識を活用するライティング」のプロセス，つまり，情報検索，情報のカード化，アウトラインの作成とチェック，引用，発表といったプロセスをたどる授業デザインとなっている。
C 15週でライティング・プロセスを回す。
　　　1～3週　　導入，構想と情報検索，構想マップの作成
　　　4～6週　　情報のカード化と問いの切り出し，アウトライン作成
　　　7～9週　　パラグラフ・ライティングと引用の指導
　　　10週　　　推敲・点検
　　　11～13週　口頭発表とその練習
　　　14～15週　点検，ふり返り
D 各ユニットには，ピア・レスポンスが組み込まれている。たとえば，アウトライン作成の場面では次のように実施される。
　　ⅰ）書いたものをもとに，書き手が読み手にざっと説明する。
　　ⅱ）読み手は，理解したことを再生する＝「つまり，言いたいのは～ってこと？」といった確認と説明の会話が繰り返される（再生と確認を重視）。
　　ⅲ）読み手は，書き手に質問・コメント・要望を述べる。
　　ⅳ）書き手は，読み手にさらに質問する＝「～のところ，どう？　わかった？」
　　ⅴ）書き手は読み手のコメントをもとに，直すべきことを明確にする。
　　また，レポートの下書きの段階では，学生全員が1人5分程度の口頭発表を行う。発表者は発表でのコメントをもとにレポート修正に活かす。
E 「専門の知につなげる」という目標に即して，学生ごとに自らが興味を持った「海・食・環境」といった対課題領域のテーマを選択する。
F 専門科目の教員とライティング科目の教員がペアで実施する。そのことによって，学生は，専門知識とライティング・スキルに関する両方の指導を受けることができる。

4　今後の課題

新たな3つの課題

　さて，初年次教育を取り巻く環境は変化し続けている。ライティング科目が「転換期」から「発展期」へと変化するなかで，上記の6つの秘訣以外にも，ライティング科目の「新たな課題」が生まれているのではなかろうか。
　第1に，前述したように，キャリア教育として実施されることの多い「対自己領域」において，自己の「経験の言語化」のプロセスを定式化していくことである。それは，経験学習のひとつのプロセスであるリフレクションをライティングの観点から定式化することを意味する。TAEはその一例であるが，他

にも様々な取り組みが行われていくべきであろう。

　第2は，ルーブリックの活用方法である。ルーブリックは，教員が採点のブレをなくすためだけのものではない。学生がルーブリックを用いて自己や他者の成果物の評価を行うなど，学生相互の対話を通じた評価活動を授業に組み込むことが重要である。学生のメタ認知能力（自己教育力）を育成し，成果物を自ら改善できるようになったり，他者と気づき合う関係を構築することは，ライティング科目の達成目標のひとつとして位置づけられるべきだろう。

　第3に，「知識活用」と「経験の言語化」の融合がある。対課題的テーマに関して，資料をいくらインプットしても，学生の意見が資料の引用の域を超えないことも多い。一見論理的に見える文章が，実は単なる型にはまった文章であることもままある。社会的課題を「自分の問題＝"自分事"」として捉えることができず，ありきたりの課題解決策を提案するだけの没個性的な"型はめ"文章は，日本語リテラシーとは程遠いといわざるをえないだろう。逆に，対自己領域の課題であっても，社会的課題と結びつかなければ，それもまた狭い視点にとどまる。つまり，「課題の"自分事"化」と「"自分事"の社会化」が同時に求められているといえる。

　かつて寺﨑（1999）は，大学生の「読み書き能力の低下」という意見に反対しつつも，「ことばをわがものとし，それを主体との関わりで生き生きと使いこなす，その能力の根本において，学生たちの力が貧しくなっているのではないか」「コトバや概念と，具体的な事物への感受力，自己の経験，感情・情念などとを生き生きとつなぎ，その両者の間にダイナミックな往復運動を作り上げていく力が，立ち枯れているのではないか」という問題提起を行っている。あらためてこの視点が今後のライティング科目に求められるのではなかろうか。

アクティブラーニングの深化を通じたライティング科目の発展

　さて，これら3つの課題を解決する方法とは何か。それは「アクティブラーニングの深化」と一言で表現できると思われる。

　2017年3月に公示された小中学校の次期「学習指導要領」では，アクティブラーニングの代わりに「主体的・対話的で深い学び」という言葉が登場した（文部科学省 2017）。アクティブラーニングがその語感から単なる授業技法と受け取られがちな状況に対して，アクティブラーニングによって育成すべき資質・能力の方向性を示そうとしたためであろう。

この「主体的・対話的で深い学び」というキーワードを手がかりにすると，アクティブラーニングを深化させることで，先の3つの課題に対応できることが見えてくる。実際に，筆者が担当する授業もこの方向で発展してきた。その内容をまとめたものが表3である。

表3　アクティブラーニング導入による文章表現科目の発展例

	導入以前の段階　→	導入の初期段階　→	導入の発展段階
主体的	学生が文章表現科目の意味を理解できておらず，いやいや書かされている。	学生が文章表現科目の意義を，職業との関連性で理解し，文章を書くことに興味を持てる。	リフレクションのプロセスがライティングに埋め込まれ，自己の経験から学び，成長につなげられる。
対話的	学生間の対話は存在しない。フィードバックも教員の添削やコメントのみ。	ジグソー学習法等によりインプットを学生間で分担したり，アイディアを出し合うことができる。	相互批評・推敲を通じて，他者の視点を取り込み，相手に気づきを促すことができる。
深い学び	新聞記事1本などの少ないインプットで，自分の意見を書く。	複数の資料を収集・分析し，それらを比較検討しながら自分の意見を論理的に構想し，表現できる。	社会的な課題を"自分事"として捉え，自分の立場から解決策を提案できる。

　表3を見ると，「主体的」「対話的」「深い学び」に対応しているのは，対自己・対人・対課題という3つの領域と関わる資質や能力でもある。そうであれば，今後，ライティング科目においてアクティブラーニングを深化させることは，ライティング科目が机上の技術を超えて「生きる力を育成する科目」へ向かうことを意味するのではなかろうか。

[参考文献]

Bonwell, C. C. & Eison, J. A.（1991）*Active Learning: Creating Excitement in the Classroom*, Jossey-Bass.

Felder, R. M. & Brent, R.（2009）"Active Learning: An introduction", *ASQ Higher Education Brief*, 2 (4).

井下千以子（2013）『思考を鍛えるレポート・論文作成法』慶應義塾大学出版会

栗田佳代子・日本教育研究イノベーションセンター（編）（2017）『インタラクティブ・ティーチング――アクティブ・ラーニングを促す授業づくり――「学びの場」を変えたいすべての人へ』河合出版

溝上慎一（2014）『アクティブラーニングと教授学習パラダイムの転換』東信堂

溝上慎一・成田秀夫（編）（2016）『アクティブラーニングとしてのPBLと探究的な学習――アクティブラーニングが未来を創る』（アクティブラーニング・シリーズ2）東信堂

文部科学省（2011）『高等学校キャリア教育の手引き』http://www.mext.go.jp/a_menu/shotou/career/1312816.htm（2017年12月18日閲覧）

───（2016）「平成26年度の大学における教育内容等の改革状況について（概要）」http://www.mext.go.jp/a_menu/koutou/daigaku/04052801/__icsFiles/afieldfile/2017/12/06/1380019_1.pdf（2017年12月18日閲覧）

───（2017）『新学習指導要領（本文，解説，資料等）』http://www.mext.go.jp/a_menu/shotou/new-cs/1383986.htm（2017年12月18日閲覧）

諸富祥彦・村里忠之・末武康弘（編）（2009）『ジェンドリン哲学入門――フォーカシングの根底にあるもの』コスモス・ライブラリー

中井俊樹（編）（2015）『アクティブラーニング』（シリーズ 大学の教授法3）玉川大学出版部

成田秀夫・大島弥生・中村博幸（編）（2014）『大学生の日本語リテラシーをいかに高めるか』ひつじ書房

大島弥生・大場理恵子・岩田夏穂（編）（2009）『日本語表現能力を育む授業のアイデア』ひつじ書房

寺﨑昌男（1999）『大学教育の創造――歴史・システム・カリキュラム』東信堂

得丸さと子（2008）『TAEによる文章表現ワークブック――エッセイ，自己PR，小論文，研究レポート…，人に伝わる自分の言葉をつかむ25ステップ』図書文化社

安永悟・関田一彦・水野正朗（編）（2016）『アクティブラーニングの技法・授業デザイン――アクティブラーニングが未来を創る』（アクティブラーニング・シリーズ1）東信堂

＊　本章は「日本語表現デザイン塾」研究会での活動を踏まえて作成しました。デザイン塾の皆さま，とりわけ中村博幸先生（元京都文教大学教授），大島弥生先生（東京海洋大学），得丸智子先生（開智国際大学）にはこの場をかりて厚く御礼申し上げます。また，本研究はJSPS科研費26381108の助成を受けたものです。

15章　不確定な未来を見通す技法
——2030年の初年次教育を教職協働で創るために

田中　岳・立石慎治

1　何が起きているのか——変わる社会を目の前にして

　本章では，教職員が近い将来を検討する時に，実践的で有効な手法について論じる。後段で述べるように，この手法は，学生を対象とした実際の授業で展開することが可能なエッセンスに溢れている。

　シナリオ・プランニングの技法を活用した本手法は，「何が起こりうるか」を起点に対話的思考を重ねることで，将来を見通そうとするものである。未来予測といえば不審に思われるかもしれないが，将来像を検討することを通じて，現状を再考することに力点がある。もちろん，この手法は2030年の初年次教育以外のテーマでも実践できる。その場合は，その現場に相応しい課題を設定するとして理解してほしい。

　以下では，着想の経緯を述べ，準備や手順について明らかにしたのち，将来を考える意義を示し，学び続ける教職員に求められる要素を示す。

　なお，本手法は，初年次教育学会の大会で2015年度から3年にわたって試行を繰り返してきた。並行して，Q-Links（九州地域大学教育改善FD・SDネットワーク）が2016年度に実施した教職協働型研修（Q-Lab）では，「SDをリデザインする！」というテーマで活用したところでもある。また，「2030年の初年次教育」に着目したのは，2030年には18歳人口が100万人を切ることが見込まれていたからである。

求められる新しい考え方

　このページをめくってくれている読者諸氏のほとんどが，未来学者というわけではないだろう。筆者らもその専門は教育学（高等教育論）であり，特に未来予測の専門家というわけではない。そうした専門家でない我々がこうしたテーマに注目したのには，理由がある。初年次教育に何かしら関わりを持つ多くの人々にとっては，大学内外の，互いに影響し合う次の二つのことを検討する必要に迫られつつあるだろうと考えたからである。

　一つは，大学外との関わりのなかで，どのような生徒を受け入れ，どのような力を身につけさせ送り出すか，である。もう一つは，大学内において，初年次教育が将来どのような姿に進化しているのか，である。様々な改革が進む学士課程教育のなかで初年次教育をどう位置づけるか，と言ってもよい。

　2020 年度の小学校を皮切りに，新学習指導要領が順次，完全実施の運びとなる。その嚆矢となった 2016 年の中央教育審議会答申の，第 1 部第 2 章に「2030 年の社会と子供たちの未来」が示されており，「新しい時代を生きる子供たちに，学校教育は何を準備しなければならないのかという，（中略）将来についての見通しが必要」（中央教育審議会 2016：9）と述べられている。こうした社会展望を背景に，初等中等教育の実践もその性質を変えることが見込まれる。

　また，学習成果を明確にし，それに沿って教育内容を体系化する学位プログラムなどの考えや，三つのポリシーなどの施策が登場してきた。その浸透は途上であるものの，学士課程の体系化が促されるなかで，その当初はアカデミック・スキルの獲得から始まった初年次教育は，今や学士課程全体と影響し合う内容となることが求められつつある。

　いわば，新しい時代を生きるための準備をしてきた生徒が，その後経験する高等教育の学びを豊かなものにしうるための素地を初年次教育において培えるか，が問われつつある。こうした流れのなかで鍵を握っているのは，大学において最初に彼・彼女たちと接する立場にいる初年次教育担当者たち，つまり我々なのである。

　他方で，先述の答申でも述べられているように，加速する知識基盤社会化，第四次産業革命，情報技術の飛躍的な進化を背景に，どのような力を身に付けさせればよいかをイメージすることが困難になりつつもある。「地図よりコンパス」（伊藤・ハウ 2017），すなわち，これまでの社会が培ってきた固定観念に踊らされるのではなく，不確実性を前提にしたうえで振る舞うことの重要性が

指摘されるようになってきたのも，こうした社会変革の傍証かもしれない。

こうした社会に向けて，学生に準備させるすべを我々の全員が持っているわけでもない。そうしたすべを研修，すなわち FD（Faculty Development）・SD（Staff Development）が提供してくれているかというと，必ずしもそうではない。教育関係共同利用拠点や各種 FD・SD ネットワークで提供されているものを除いて，各大学のなかで行われているものといえば，まだ座学中心，講義中心ではないだろうか。講義形式が悪いわけではないが，学生の主体性を涵養するためにはそれに応じた機会が要るのと同様に，教職員においても，実際に望ましい初年次教育を考えるための手立てが必要である。その手立ての一つとして，変容型シナリオ・プランニング（Transformative Scenario Planning，以下，TSP とする）の考え方を提案したい。次節からは，それを理解するために，TSP の考え方を応用した演習を紹介する。

2　どのように見通すか——変化を見通す技法としての TSP

TSP とは，未来への前進に互いを必要とする人たち——たとえ不信の念を抱き対立し合っていたとしても——による共同プロジェクトによって未来へ向けた変化を引き起こしていく方法である（カヘン 2014）。従来のシナリオ・プランニングが，誰かが書いたプランに描かれている未来に従うものであったのに対し，TSP は未来について検討するプロセスへ皆で参画し，自身の考え方や行動，関係性といった状況を変えるところに特徴がある。

この TSP を提唱し，実践したのは，世界で起きている紛争や課題の解決に成果を出している専門家として著名なアダム・カヘン（Adam Kahane）氏である。TSP の開発は，南アフリカにおけるアパルトヘイト後の新体制移行に助力した彼の経験が発端となっている。もちろん，それまでにも彼は，未来を変えるべく協力し合う人たちと一緒に仕事をしてきた。その成功や失敗を糧として，南アフリカ再建につながるモン・フルー・シナリオができあがった。これこそが，最初の TSP なのである。

筆者らは，日本の高等教育・大学という一つの社会において，不確かな未来を切り開くために有効な手法を模索してきた。こうした筆者の一人（田中）がたどり着いたのが，開発者本人による 3 日間の集中セミナーであった（レオス・パートナーズ社（Reos Partners）と日本のチェンジ・エージェント社が主催，2014 年 11 月

6日〜8日に東京で開催)。

　TSPのプロセスは，本来であれば数か月から数年かけて取り組むが，その本質は次の5ステップで構成される。すなわち，(1) 招集する，(2) 観察する，(3) ストーリーを作る，(4) 発見する，(5) 行動する，の五つである。各ステップにおいて行うことは，図1に示したとおりである。参考文献と併せて確認されたい。

　このTSPで繰り返し留意を促されるのが，これから「起こるべきこと (Should)」や「起こるだろうこと (Would)」に偏らず，これから起こる可能性がある「起こりうること (Could)」に焦点をあてることである。誰かの未来に従うのでなく，自分自身が未来へ影響を及ぼそうと考えるからである。そして，スタートから後半のストーリーづくり，考察に至る最後まで「対話」が重要視される。

　TSPの肝は，誰を呼ぶのかという「招集する」，現状を直視する「観察する」にあると言ってよい。自らの思い込みを相対化することで，「起こるべきこと」から脱却し「起こりうること」への手がかりを与えてくれるのは，時に対立する人であり，時に切実な現実だからである。そのため，互いにとって耳障りなことを語り合うこともある。それを乗り越えてストーリーを作り，そのストー

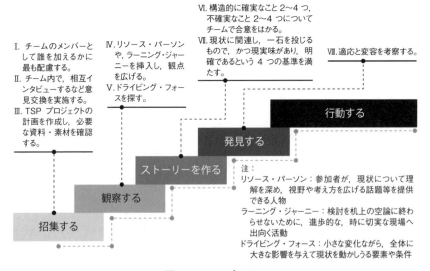

図1　TSPのプロセス

リーのなかにどのような未来を創ろうとする自分がいるのかを発見し，行動に移っていくという流れになっている。

3　どのように展開するか――FD・SD への応用例

先述したとおり，TSP は数か月から数年の時間をかける。そうした本格的な TSP の提供は本望ではあるが，より多くの大学関係者に TSP の面白さを先ず実感してもらうことが優先であると考えた。TSP の肝である「招集する」「観察する」のエッセンスを取り出し，初年次教育の場面や FD・SD へ応用できるよう再構成したものを学会ワークショップ（演習）として提供した。本節では，TSP に限らない演習づくりの基本を確認し，実際の演習を進行するためのポイントを示す。

準備を整える――演習づくりの基本

参加者と主催者が思いもよらない考えを見つけ出す場（場所と場面）を創出するためには，準備は綿密に行いたい。学びの追求には，入念な設計が欠かせないからである。

肝心な設計ではあるが，その基本は簡単である。「GRIP」（高間 2005）や「OARR」（中野・森・鈴木・冨岡・大枝 2009）というアクロニムで表現される頭文字それぞれを明らかにすることから始まる。GRIP が表わしているのは，Goal（目標や成果），Role（参加者の役割），Impact（背景や意義），Process（進め方や手順）である。OARR は，Outcome（成果），Agenda（進行や項目），Role（役割や心構え），Rule（場の約束事）を表わしている。

いずれにしても，演習を行うことの意味，その背景，実際に持ち帰る成果や目標，そのために準備された進行手順，参加者や主催者の役割，その場において守ること，それぞれについて吟味し明文化していくことが重要である。例えば場のルールであれば，筆者らは「2D よりも 2L を推奨しよう――防衛〈Defending〉と議論〈Debating〉の兆しに気づき，傾聴〈Listening〉と学習〈Learning〉を大切にしよう――」（セイフター＆エコノミー 2002）といったフレーズを用いて，学習する態度について共通理解を図っている。

そして，参加者，主催者全員で共有する。ルールなどは，その意識を持ち続けるために，会場のどこかに貼っておくことも有効だろう。進行手順も，参加

者に全体の見通しを与えるので,ルールなどと併せ必ず示しておくようにする。こうしたルールや進行手順は,すべての参加者が共通の意識を醸成するために必要なものである。明文化することも共有することも,場の醸成につながるものでなくてはならない。

　ところで,場には進行役（最近はファシリテーターと呼ばれることが多い）の人となりが反映すると言われる。誰が進行役になっても,その人なりの演習が成立する。ただし,進行役の力量も,重要なリソースであることを付言しておきたい。進行役の力量と内容とのバランスについては留意しておくとよい。必要に応じて,進行役の補佐を置くとか,内容に応じたゲストスピーカーを招待するなどの工夫も考えられる。一人だから,素人だから,実施は無理と臆せず,工夫を凝らして場の成立を考えたい。

　総じて,これらの準備を授業科目におけるシラバス作成の過程のようにイメージできれば大丈夫である。活動の詳細に気をとられ過ぎて,設計が後回しでは,本末転倒になってしまう。大切な時間のスタートを切るためにも,以上の要素を押さえた設計を行いたい。あとは設計に応じて必要な備品を準備すればよい。もし会場を選ぶ余地があるなら,相応しい場所探しに出かけることもあるだろう。

　会場内では,4〜5名程度のチームが活動しやすいように,いわゆるアイランド式で席を配置する。スライドを投影するのであれば,すべての席から投影画面が見えるように配慮しておく。投影しないのであれば,配付資料を準備し,配付のタイミングを見計らうとよいだろう。

いよいよ本番――演習を進めるうえでのポイント

　先述のとおり,本章の内容は「招集する」「観察する」のエッセンスを抜き出し,2時間程度の内容にしたものである。学会大会の時間枠という制約を契機として,2030年の初年次教育を考えることを通じて現在の有り様を見つめる,課題発見を主軸とした内容に改めている。図2は,実際のステップを示したものである。

　「探求する」のステップにおいて行う,進行役からの問い,及び,それに基づく相互インタビューについて,少し詳説しよう。

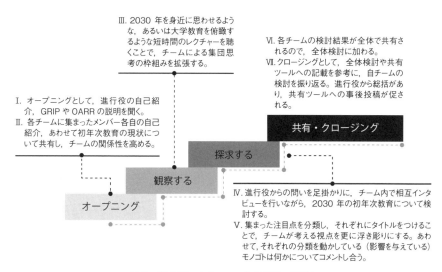

図2　学会ワークショップ（演習）の流れ

問いは次の3つである。
1) 2030年の初年次教育について，予言者に3つ質問することができるとしたら，いちばん知りたい3つのことは何ですか？
2) 2030年の初年次教育に関して，今後モノゴトが非常にまずく進んだとしたら，どんなことが起きているでしょうか？
3) 2030年の初年次教育に関して，今後モノゴトが非常にうまく進んだとしたら，どんなことが起きているでしょうか？

これを踏まえて，次のように相互インタビューを進める。
1) 個人で，3つの問いに対する考えをまとめる。
2) インタビューアーとなった他のメンバー全員が3つの問いを総合的に問いかけるので，自身の考えを披露する。
3) インタビューが終わると，各インタビューアーが注目した3つの点をインタビューされた人に伝える。インタビューされた人の立場に立った注目点を挙げるのが，インタビューアーの役目となる。
4) 問いへの考えの披露，注目点のフィードバック，を順に繰り返す。
5) 4人のチームであれば，この相互インタビューを終えた時点で，2030年の初年次教育に関する36（3つ×3人から×4人）の注目点が机上に集まっている。

なお，学会大会では時間の効率化を意図して，「TodaysMeet」（https://todaysmeet.com/，2018年6月現在，サービス終了）という共有ツールを使用した。こうしたツールを活用すると，チームを超えて考えを共有してもらうことも可能となる。

　ところで，進行役は何に留意しながら場を保持しているのだろうか。先ず全体を通じて，TSPの肝である「起こりうること」を考えることの強調である。将来のことを考えようとすると，どうしても思い描きがちなのは「起こるべきこと」や「起こるだろうこと」であり，それらの想定を保留するように促す。参加者にとってはフラストレーションの多いプロセスとなるはずであるものの，それらこそが自身の持つ先入観や思い込みであることを示唆する。

　例えば，我々が行った演習であれば，漏れ聞こえてくる「初年次教育かくあるべし，初年次教育こうあってほしい」という発言に注意を払いながら，できるだけ各チームを巡って参加者の声に耳を傾け，時にはチームに介入する。確信や願望を起点にした対話が起きている時には，起こりうる可能性の吟味から検討して，では何をするかを考える順序となるように，進行役は慎重にチームの検討プロセスを整えたいところである。

　次に，相互インタビューでの時間管理には気を配らねばならない。放っておくと，時間が押していくからである。投影画面で経過時間を見せる方法もあるが，できれば各チームに時間管理を任せるようにして，自己組織化をねらう。自身らで進行をマネジメントすれば，その検討内容にも自ずと責任を感じるはずである。進行役は自身が期待する結果へ誘導することなく，時間管理に徹する。相互インタビューの1人目に限っては，そのタイムマネジメントをサポートしてみるのもよいだろう。

　総括では，全体をまとめていくことも大切だが，無理にまとめようとすることはない。いずれの考えも，参加者から発信されたものであり，2030年の初年次教育を検討するうえで重要な視点となっているはずだからである。

　ただし，進行としては，将来についての放談に終わらせることなく，それらの視点と今をつなげて，では今から何を始めるのか，将来に備えて何を準備し始めるのか，現状へ影響を与えているモノゴトに何を働きかけるのかについて省みるような機会を最後に設けることが肝要である。それが，2030年の初年次教育への第一歩となるからである。

　加えて，本格的なTSPの手順と比較することから見えてくることもある。

学会大会での経験では，TSPのファースト・ステップである「チームのメンバーとして誰を加えるのか」を持ち出すと，必ずと言ってよいほど参加者に気づきがある。例えば，「チームに高校教員がいればどうなっていただろうか」という問いかけなどは分かりやすい。参加者は，TSPの肝を理解するだけでなく，初年次教育の検討には誰が求められるのかを省察し，時にはこれまで目にしながらも見過ごしてきたモノゴトがある自身に驚く。2時間程度であれば，このあたりまでが限界であるとはいえ，初年次教育の将来を考えるうえでの課題発見として収穫は大きいと言えるだろう。

4 将来を考えることで見えるものとは何か

マインドセットという落とし穴

冒頭で述べたように，予測困難な社会に生きるのは何も学生たちばかりではない。既にそのような社会となっているのだから，大人たち，大学でいえば教職員もその社会から逃げ出すことはできないはずである。手をこまぬいて，立ちすくんでばかりもいられない。その一助となるように設計されたのが前節の演習である。

とはいえ，ここまで読み進んで残念に思われている方々も多いことだろう。2030年の初年次教育に関する具体像――確度の高い"正解"といってもよい――が示されていないからである。そう思われた読者諸氏には，本手法の力点が，誰かに与えられた答えではなく，自ら知恵を絞って現状を再考することにあったのを思い出してほしい。ここにこそ，未来を創るきっかけがある。

正解のない複雑な検討を学生に対して求める風潮が大学教育に増えている。果たして教職員はどうだろうか。大学を良くしたいという思いは共通しているにもかかわらず，自身の想定を保留し学内の現状から次の一手を考える教職員がいる一方で，学外に「正解」や「事例」を求めて奔走する教職員もいる。良かれと思って動いても，総じて良い方向に向かっているとは限らない。まして，将来という不確定のことを検討しようとすればなおさらである。

自大学を良くしたいと思う教職員こそ，本演習の方略を活用されたい。2030年の初年次教育について考えることを通じて，考え方の癖とでも言える自身のマインドセットを知ることができる。のみならず，マインドセットを脇に置いてみる重要性をも痛感できる。もちろん，演習自体を慌てずに進めることで，

初年次教育に関する具体的な課題もあぶり出されていく。演習を開けば開くほど数多くの多彩な結果を生むに違いない。まさに本演習は，単なる問題解決の方法というよりも，皆で問題を解決する方法についての発想を転換させる集合知の力から成り立っている（ブリスキン，エリクソン，オット＆キャラナン 2010）。

　ここで避けるべきなのは，生み出した課題解決へのアプローチをもって「こうすべきだ」と捉えてしまうことである。そうしないと，問題解決を考えた際に留保したはずの「べき」にここで囚われてしまう。解決へ向けた具体的な行動には障害が付き物である。遠くから目で確認できる壁のようなものもあれば，そこに行くまで気づくことが難しい堀のようなものもある。前提が覆るような事態（シナリオ・プランニングでいうところのブラック・スワン）が起きることもあるだろう。いくら，自在に考えられたとしても，集合知を巧みに編み出したとしても，それそのものが罠になる。現実には落とし穴があることに慎重になっておかないといけない。こうした総合的な検討機会を設けて，各参加者が考え方を更新し，次の一歩を導き出すことに，将来を検討する本演習の意義がある。

対話的思考の重要性

　冒頭で述べたとおり，講義形式による開催の多い教職員研修も，ようやくグループによる活動の機会が増えてきたと見受けられる。受動的でなく能動的に，より活動的にということで，アクティブラーニングの要素を研修に取り入れ始めている。しかしながら，これからの学生が経験しなければならない教育手法を教職員こそ率先して試そうという積極的な趣旨というよりは，グループ活動さえしていればアクティブラーニングだという誤解に基づいた消極的な姿勢も垣間見える。

　進行役の合図で討論を始めることはよくあるが，何の指示もないままフリーハンドで話し合いをスタートさせる状況は意外に多い。参加者が互いに見合ったままとなったり，声の大きさでその場が独占されてしまったりしたグループ活動の経験者は多いことだろう。実は小さな工夫でそれらの状況を回避できる。

　いきなり始めることをせずに，問いかけやテーマに対して参加者が自身の話す内容について考える時間を持ち，進行役が予め特定した一番手から自身の考えを披露し，同じ程度の時間を使って順に考えを話して，参加者すべての考えが出揃ってから全員での討論を行う。全員での討論を終えて今一度，自身の考えに対する変化を振り返ることもある。佐藤（2010）が示すところの，題材と

の対話，仲間との対話，自分自身との対話という実践を組織した対話的コミュニケーションを成立させる「聴き合う関わり」の展開をねらうのである。

　こうした討論の段取りは，参加者を主体的にしていく活動として取り入れやすいものである。フリーハンドで行って参加者を主体的にすることも可能ではあるが難しく，それなりの腕が必要であることは既に示されている（Bonwell & Eison 1991）。読者のなかには，準備なしに，グループ活動として討論を導入したが期待どおりにいかず，懲りてしまって講義形式のスタイルに戻した経験をお持ちの方もいるかもしれない。確かに内容によっては講義形式が適切な場合もあるが（ジョンソン，ジョンソン＆スミス 2001），たとえ講義形式であっても，内容を小さな単位に区切って，その間に討論等を挿入する「Bookend Model」（Smith 2000）を採用して，アクティブラーニング型の講義に再構成することもできる。小講義と関連付けた討論等を挟むことで，対話的思考の要素を講義に挿入できる余地がある。

5　見えたものに基づく次の行動とは何か——学びをリデザインする

　2030年の初年次教育を考える本演習でも，小さな単位で参加者の活動を見れば，これまで述べてきた，自身のマインドセットへの気付きとそれを踏まえた対話的思考が基幹となっている。教職員であれ，学生であれ，予測困難な社会において「学び続ける」ことは，大きな影響を与えうる要素になりそうである。とはいえ，実際に何をどのようにすればよいのか，わからないことも多い。そのなかで，本演習で取り扱ったTSPのエッセンスだけでなく，演習の設計法，落とし穴の存在への注意，対話的思考を巧みに活用しながら，自大学における2030年の初年次教育を検討する場を創出されてはどうだろうか。

　そこで忘れてはならないのが，大学に集い，関わるすべての人の，学びのスタイルの変容であろう。教員だけでなく，職員だけでもなく，時に対立する教職員双方が協働し，関係者をも巻き込みながら，自らの学びを更新（リデザイン）する視点と行動こそが先ず重要である。いわゆるFD・SDだけが研修の機会であると囚われてしまうことなく，学内外に学習する場（組織）を創り出し，あらゆる場面を「学び続ける」機会として捉えるようになることが，次の一歩にほかならない。このように教職員が学びを取り返すことを通じて，2030年，またその先を見通してみることが求められている。

［参考文献］

ボーム，D.／金井真弓（訳）（2007）『ダイアローグ――対立から共生へ，議論から対話へ』英治出版（Bohm, D.（1996）*On Dialogue*, New York: Routledge.）

Bonwell, C. C. & Eison, J. A.（1991）*Active Learning: Creating Excitement in the Classroom*, San Francisco, CA: Jossey-Bass Publishers.（ボンウェル，C. C. & エイソン，J. A./ 高橋悟（監訳）（2017）『最初に読みたいアクティブラーニングの本』海文堂出版）

ブリスキン，A., エリクソン，S., オット，J. & キャラナン，T.／上原裕美子（訳）（2010）『集合知の力，衆愚の罠――人と組織にとって最もすばらしいことは何か』英治出版（Briskin, A., Erickson, S., Ott, J. & Callanan, T.（2009）*The Power of Collective Wisdom: And the Trap of Collective Folly*, San Francisco, CA: Berrett-Koehler Publishers.）

中央教育審議会（2016）「幼稚園，小学校，中学校，高等学校及び特別支援学校の学習指導要領等の改善及び必要な方策等について（答申）」文部科学省

堀公俊（2008）『ワークショップ入門』（日経文庫）日本経済新聞出版社

伊藤穰一・ハウ，J.／山形浩生（訳）（2017）『9プリンシプルズ――加速する未来で勝ち残るために』早川書房（Ito, J. & Howe, J.（2016）*Whiplash: How to Survive Our Faster Future*, New York: Grand Central Publishing.）

ジョンソン，D. W., ジョンソン，R. T. & スミス，K. A.／関田一彦（監訳）（2001）『学生参加型の大学授業――協同学習への実践ガイド』玉川大学出版部（Johnson, D. W., Johnson, R. T. & Smith, K. A.（1991）*Active Learning: Cooperation in the College Classroom*, Edina, MN: Interaction Book Company.）

カヘン，A.／小田理一郎（監訳）（2014）『社会変革のシナリオ・プランニング――対立を乗り越え，ともに難題を解決する』英治出版（Kahane, A.（2012）*Transformative Scenario Planning: Working Together to Change the Future*, San Francisco, CA: Berrett-Koehler Publishers.）

中野民夫・森雅浩・鈴木まり子・冨岡武・大枝奈美（2009）『ファシリテーション――実践から学ぶスキルとこころ』岩波書店

佐藤学（2010）『教育の方法』（放送大学叢書011）左右社

セイフター，H. & エコノミー，P.／鈴木主税（訳）（2002）『オルフェウス・プロセス――指揮者のいないオーケストラに学ぶマルチ・リーダーシップ・マネジメント』角川書店（Seifter, H. & Economy, P.（2001）*Leadership Ensemble: Lessons in Collaborative Management from the World's Only Conductorless Orchestra*, New York: Henry Holt and Company.）

Smith, K. A.（2000）"Going Deeper: Formal Small-Group Learning in Large Classes", *New Directions for Teaching and Learning*, 81: 25-46, San Francisco, CA: Jossey-Bass Publishers.

高間邦男（2005）『学習する組織――現場に変化のタネをまく』（光文社新書）光文社

田中岳（2011）「「workshop for workshop」という試み」『Q-Links STUDIES 2011――九州地域大学教育改善FD・SDネットワーク2011年度 活動概要』pp. 105-107.

初年次教育学会のあゆみと会員調査

第4部

16章　初年次教育学会のあゆみ

山田礼子・安永　悟

1　初年次教育学会の設立

　本章では，歴代の初年次教育学会の会長である筆者らが学会の発展のあゆみを振り返ることとなっている。山田は2008年3月に同志社大学で行われた設立大会から3期5年半，会長職をつとめ，安永は2013年9月から2期4年間，会長職にあった（学会の成立以降の過程のなかで，規程等を整備した結果，現在は会長の任期は2期までと定められているが，設立時期の会長任期期間は除くということが理事会で決められた）。

　学会設立当初の初年次教育を取り巻く環境としては，「設立趣意書」において，以下のように書かれている。

> 本年9月に出された，中教審大学分科会制度・教育部会「学士課程教育の在り方に関する小委員会」による『学士課程教育の再構築に向けて』（審議経過報告）においても，高等学校から大学への円滑な移行に果たす初年次教育の重要性が指摘され，学士課程教育の中に明確に位置づけることが提言されています。これらの国内外の諸状況の変化を背景に，日本でも初年次教育は急速な拡がりを見せ始め，研究者による研究の成果や担当教職員による効果的なプログラムの構築が増加しています。しかし，まだまだ日本での実践や研究実績の蓄積とそれらの共有は十分とはいえず，実践的な教育内容や効果的な教育方法の開発や改善に加え，初年次教育の教育効果

の測定や理論的な説明をはかり，初年次教育のもつ重要性を日本の高等教育界に定着させていく必要が高まっています。また，国際的な初年次教育関係団体・学会との情報交換・交流も推進していく時期に至っております（設立発起人一同 2007）。

　こうした問題意識を共有した人々が発起人として「初年次教育学会」を設立した。2008 年 3 月に同志社大学で開催された設立大会には，米国のカレッジ・インパクト研究の第一人者である UCLA 教授のアレキサンダー・アスティン教授を招聘し，結果として参加者は 300 人以上にもなり，発起人一同大きな反響に胸をなでおろした覚えがある。

2　基盤形成期としての第 1 ～ 3 期（2008 ～ 2013 年）

学会基盤の形成

　第 1 期と第 2 期は，本当に何もわからないところから始めたというのが正直な感想である。この間は基盤形成時期と位置づけられるが，その基盤を構築できたのは，主に第 1 期の事務局長であった川島啓二先生（当時国立教育政策研究所）の功績に寄るところが大きい。

　川島先生により，必要な規程や学会としてのシステム作りが精力的に行われた。この間に，初年次教育学会細則が作られ，会員については，個人会員のみならず，大学などの機関会員，さらには初年次教育にかかわる出版社などの企業を含めた賛助会員という制度も作られた。この制度により，大会に機関会員として参加することを通じて，その後自大学で FD（Faculty Development）を広げていくきっかけになったとのコメントをいただくことも多かった。

　会員数についても，2008 年 12 月 31 日時点での個人会員 296 名，機関会員 61 校，賛助会員 7 社から，2013 年にはそれぞれ 509 名，84 校，20 社と順調に増加してきた（図1）。この事実は，初年次教育の拡大と普及，そしてそうした大学での理論と実践に初年次教育学会が一定の役割を果たした証左であるだけでなく，会員や社会からの大きな期待を担っているといえるかもしれない。そうした期待にどう応え，新たな道を模索していくかが，初年次教育学会理事会での問題意識であったが，このことは現在でも共有されている。

　編集委員会規程も決定され，編集委員会が形成され，創刊号刊行に向けての

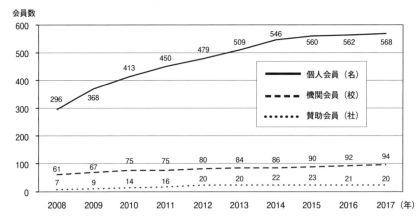

図1 初年次教育学会会員数の推移（2008～2017年度の総会時点の数。ただし2008年については12月31日時点）

実質的な仕事がスタートした。2008年11月には『初年次教育学会誌』第1巻第1号が発刊された。当時の目次には，投稿からなる研究論文や事例研究論文に加えて，「設立大会報告」と「会員による自著紹介」が掲載され，現在でもこの路線が基本的に引き継がれている。

当時，桜美林大学に所属していた舘昭先生に，会長代行をお願いしたが，舘先生からの学会設立時期への適切なアドバイスも非常にありがたかったと記憶している。

大会の開催

第1期での重要な仕事は，第1回大会の開催であった。第1回大会は，理事のひとりである菊池重雄先生の所属する玉川大学にて11月29日，30日の両日に開催された。この時のプログラムが現在の大会でのプログラムの基盤となっており，初年次教育学会大会の方向性を決めたものと位置づけられる。その特徴は，自由研究発表やシンポジウムのみでなく，研究者や大学間での情報交換や人的ネットワーク作りを行い，初年次教育のノウハウを構築するという目的でワークショップを学会大会のなかで開催するという方式にあった。当初は，理事が中心となってワークショップを開催していたが，現在では一般の会員もワークショップの講師をつとめ，その内容も広がりを見せているなど，着実に進展してきており，初年次教育学会の大きな特徴となっているといえよう。

表1　初年次教育学会大会開催年月日と開催地

大会	開催年月日	開催地
設立	2008年3月11日	同志社大学
第1回	2008年11月29日〜30日	玉川大学
第2回	2009年9月19日〜20日	関西国際大学
第3回	2010年9月11日〜12日	高千穂大学
第4回	2011年8月31日〜9月1日	久留米大学
第5回	2012年9月5日〜6日	文京学院大学
第6回	2013年9月12日〜14日	金沢工業大学
第7回	2014年9月4日〜5日	帝塚山大学
第8回	2015年9月3日〜4日	明星大学
第9回	2016年9月10日〜11日	四国大学
第10回	2017年9月6日〜7日	中部大学
第11回	2018年9月5日〜6日（予定）	酪農学園大学

　第2回大会は，発起人の一人であり，理事でもある濱名篤先生の所属する関西国際大学で，2009年9月19日，20日の両日に開催された。

　2010年からは事務局が金沢工業大学に移り，事務局長が現会長である藤本元啓先生（当時金沢工業大学，2016年より崇城大学）に交代した。この体制は第2期と第3期の計2期続いたが，理事である藤本先生をはじめ，同大学の幹事であった西村秀雄先生（現理事），西誠先生（現幹事），栃内文彦先生による学会の安定的なマネジメントが現在の学会運営へとつながっていると思われ，先生方のマネジメントスキルに大いに感謝している。

　山田の会長時代で大会を引き受けてくれた大学は，先の2大学に加えて，第3回大会の高千穂大学，第4回大会の久留米大学，第5回大会の文京学院大学，第6回大会の金沢工業大学であった（表1）。それぞれの大会では大会校企画の講演やシンポジウムに加えて，その時期に合わせた課題や問題意識にもとづいた企画が組み込まれ，多くの参加者にとっても初年次教育に関するノウハウを得るだけでなく，課題を再認識する良い機会となったと思われる。

「会員の動向に関する調査」と5周年記念本

　2012年には，「会員の動向に関する調査」を学会として実施し，会員のニーズや動向は，ワークショップの内容や安永会長の次期執行部の方針にも反映されることとなった。

第3期の2012年には，学会設立5周年を迎えたことを記念して，『初年次教育の現状と未来』(世界思想社) という理論，実践，そしてこれからの初年次教育の方法などを包摂した本を企画し，翌年1月出版することができた。この記念本は事例を超えて，初年次教育を一つの学問領域，そして新たな実践の方法の息吹を社会に提示するという意味を持つものであったといえるのではないだろうか。

3　転換期としての第4〜5期（2013〜2017年）

協同の精神

　学会の運営にあたり安永が常に心がけたのが「協同の精神」であった。協同の精神とは「仲間と共有した目標の達成に向け，仲間と心と力をあわせ，いま為すべきことを見つけ，真剣に取り組む心構え」と表現できる。協同の精神が醸成された組織は，支持的風土にあふれ，人間関係が良好で，組織に対する凝集性と満足度が高まり，生産性が高まる。

　協同の精神を高めるためには何よりも共通の目的が必要になる。本学会の設立目的は「初年次教育のもつ重要性の社会的認知を促し，広く日本の高等教育の質の向上に寄与する」ことである。この目的達成に向け，会員同士が積極的に交流できる場の提供を学会運営の基本と考え，その思いを会長就任挨拶で次のように述べた。

> 私が本学会に期待することは，初年次教育に熱い思いをもつ会員の皆さんが気軽に集え，研鑽を積める場，仲間との協力・連携を通して切磋琢磨できる場，皆さん一人ひとりが活躍でき，自他の変化成長を実感できる場，そんな場として本学会が認知され，活用されることです（安永 2014：1）。

この思いに沿った学会運営を常に試みた。本節では安永の在任中における主な出来事を，私見を踏まえながらまとめる。

初年次教育実践交流会の設置と教育実践賞の設立

　学会活動を活性化する方策として，まず以下の二つの制度を挙げたい。
　一つ目は，会員相互の活発な情報交換の場を増やし，地域ごとの活動を活性

化する目的で立ち上げ，全国各地で開催している初年次教育実践交流会である。最初の企画が2014年2月に岩手大学で開催した「地域研究フォーラム」である。テーマは「高大接続と初年次教育」であり，約80名の参加があった。東北での開催には，未曾有の震災を体験した東北地方の復旧・復興を学会としても支援したいという思いが込められていた。その後，初年次教育実践交流会として，それぞれの地域の実情に合わせ，さまざまな形態で開催されるようになった。今後，初年次教育実践交流会が全国で数多く開催され，地域に根ざした身近な学会活動が一層活発になることを期待したい。

二つ目は，「教育実践賞」の新設である。これは学会設立10周年を記念した企画でもある。全国各地で行われている質の高い教育実践を，広く会員と共有し，優秀な実践活動を手がかりに，さらに質の高い教育実践の実現に向けた契機になることを期待している。また，これからの初年次教育や高等教育のあり方について，さらには初等・中等教育も含めた日本の教育全体についてロマンを語るきっかけになればと期待している。

第1回目の公募が始まった。どのような教育実践が応募してくるか，いまから楽しみである。教育実践賞の初めての選考と表彰は，学会設立10周年記念大会となる第11回大会で行われる予定である。

事務体制の再構築と大会運営方法の改革

第4〜5期，会長代行を菊池重雄先生（玉川大学）にお願いした。また事務局長は，2010年より藤本元啓先生が務め，2016年に藤田哲也先生（法政大学）へ引き継がれた。

本学会の規模は，2017年9月時点で，正会員568名，機関会員94大学，賛助会員20社となった（図1）。学会規模の拡大に伴い，事務処理量の増加が学会運営の支障となってきた。そこで，事務局機能の一部を外部に委託することにした。前事務局長の藤本元啓先生のもと，2014年度から委託に向けた検討が始まり，それを引き継いだ現事務局長の藤田哲也先生のイニシアティブにより，学会事務局の運営体制を刷新することができた。

現在，学会事務局は法政大学の藤田哲也研究室にあり，事務局分室が国際文献社内の「アカデミーセンター」に置かれている。

新しい事務体制のもと，全国大会の運営方法も大きく変わった。第8回大会（明星大学）までの大会運営は，基本的に大会実行委員会がすべてに責任をもち，

財務も独立採算制がとられていた。その後，第9回大会（四国大学）で大会準備の一部を外部委託し，財務的にも学会本体の予算に組み込む形で運営を行った。第9回大会での試みを参考にしながら第10回大会（中部大学）で新しい大会運営の方法が模索され，一つのモデルが形づくられた。このモデルを引継ぎ，現在，第11回大会（酪農学園大学）の開催に向けた準備が進んでいる。

　大会開催校および学会事務局の負担が小さく，スムーズな大会準備と運営ができる大会運営モデルの構築に向けた検討を今後も続ける。そして将来的には，地方都市にある小規模の大学でも開催できる全国大会にしていきたい。

4　10年を経て，学会に期待すること

　初年次教育学会という場で会員同士が切磋琢磨するためにも，学会の設立趣意に今一度立ち戻り，学会としての目的を明確にし，その目的達成に向けた方略を再考する必要がある。その際，学会を設立した10年前と違う現実もしっかりと意識すべきである。当初は初年次教育の導入と普及が大きな目的であった。その目的はこの10年間で一定程度達成されている。

　このことを踏まえ，本学会は，これまで同様，大学における初年次教育の質向上をめざすと共に，初年次教育の立場から日本の教育界全体に対して積極的に発言し，学会としてできる貢献を模索すべき段階にあると理解している。高大接続についての本学会での議論はその先鞭となっている。小学校から大学までを対象とする異校種接続にも視野を広げてはどうであろうか。初年次教育の相対的な位置づけを理解することにより，その時代が求める初年次教育へと常に生まれ変わることが可能となる。

　組織は人に支えられ，人を育てる。学会も同じである。学会は会員一人ひとりに支えられており，学会活動を通して会員一人ひとりが変化成長を実感できる。初年次教育学会には，そんな学会であってほしい。今後とも，初年次教育学会が光を放ち続けることを期待している。

［参考文献］

設立発起人一同（2007）「設立趣意書」『初年次教育学会JAFYE』http://www.jafye.org/society/prospectus/（2018年5月2日閲覧）

安永悟（2014）「会長就任挨拶」『初年次教育学会誌』6（1），1．

17章　2015年度会員調査結果からみた初年次教育の現状と課題

関田一彦

1　調査の目的と概要

　初年次教育学会理事会に設置された課題研究委員会では，2015年5月，全個人会員を対象としたWebアンケート調査を実施した。高大接続システム改革が動き出し，各大学ともその対応について検討が本格化してくるタイミングで（当時），本会会員が直面する初年次教育の課題について整理し，本会の今後の取り組みを考えることを目的としたものである。この調査は，筆者が集計結果をまとめ，第8回大会課題研究シンポジウムにおいて概要を報告した（関田 2016）。本章はその時の報告で扱いきれなかった項目の解説を中心に加筆修正したものである。

　実施時期は2015年5月20日から6月13日，対象は全会員（当時546名）である。事務局より個人会員宛てにアンケートサイトURLを記した電子メールを一斉配信し，142名から回答を得た（回収率約26%）。調査項目を章末に載せる。なお，匿名性に配慮し，氏名や所属機関名は尋ねていない。

2　集計結果

初年次教育の取り組まれ方

　本会発足の2008年当時，中央教育審議会「学士課程教育の構築に向けて（答申）」において初年次教育の必要性が謳われた。以来，多くの大学で様々な

初年次教育科目やプログラムが導入・展開されてきたが，今回の調査において，初年次教育に関する全学的な方針の有無について確認したところ，全体の52.2％が全学における方針がすでに定まっており，18.7％が全学ではないものの学部レベルでは定まっていると答えた（Q1）。一方，22.4％がまだ定まっておらず，6.7％が現在検討中と答えている。2015年当時，全学的なものがきちんと定まっているところが半数あり，全学的な対応を決めて取り組もうとする流れはできていたと思われる。

関連して，初年次教育に本格的に取り組み始めた時期を尋ねたところ，中央教育審議会の検討以前（本調査の10年以上前，つまり2005年以前）から取り組んでいたとする回答が17.8％，答申前後が9.3％となっている（Q2）。一方，これから取り組むところも含め1年以内と回答したところは6.2％とさすがに少数派であった。また，取り組み開始の時期はわからないという回答も36.4％あり，全学的な方針が未決定な割合と考え合わせると，学内で十分認識される段階に至っていないところも一定数あったと思われる。

学生をどのように見ているのか

本会員たちは，学生のどのような問題を認識しているのか，問題と思われる18の現象や状況について尋ねた（Q4）。「大いにある」「多少ある」という回答が合わせて80％以上あった項目が5つある。「基礎学力の多様化」が進行し（87.3％），「基礎学力の全体的な低下傾向」が顕著になっていることを大半の会員が感じている（85.1％）。特に，学生の受け身の姿勢（指示待ち）を問題視している会員は多く（93.3％），「学習習慣の欠如」（88.8％），「学習動機の不明確さ」（80.6％）と合わせて，中等教育段階で対処すべきような問題に頭を抱えている会員が多いことが窺える。アクティブラーニングを介した主体性・能動性の伸長が期待される所以であろう。

憂慮する問題

次に，学生ではなくて，大学として憂慮している課題について尋ねた（Q5）。こちらで例示した9項目の内，「大いにある」「多少ある」という回答が合わせて80％以上の項目が2つあった。一つは「学生指導の負担増加」であり（86.6％），もう一つは「学習成果の可視化」に関する問題である（84.4％）。加えて，「大学入試の在り方の変化」（79.8％）と教職員の「改革疲れ」（78.4％）が強く問題視さ

れている。

関連して，高大接続システム改革に関して尋ねた（Q10）。高等学校基礎能力テスト（仮称），大学入学希望者基礎学力テスト（仮称），それぞれを活用した入試に移行する流れを感じており，高大接続改革に合わせて初年次教育の在り方も変えねばならないと考えている会員が大半であった（順に，「そう思う」「どちらかと言えばそう思う」を合わせた回答の割合は 75.7%，71.0%，85.1%）。

学力不足が明らかな上に，学習意欲や学習習慣に問題を抱える学生への対応に取り組む一方で，学力を問わない入試が広がり，学生の基礎学力の多様化に歯止めがかからない。そこに，学習成果を可視化せよ，新たな入試改革に対応せよ，と注文ばかり重なり，対応する教職員の疲労感は相当なものになっていると思われる。

初年次教育の内容

学力低下など，多くの課題を感じながら取り組む初年次教育として，どのような内容が扱われているか，授業内容について代表的と思われる例を 12 挙げ，その扱い方を尋ねた（Q6）。

独立した科目として扱われる内容としては情報リテラシーがもっとも一般的であり（50.0%），次にキャリア教育関係（38.8%）があがっていた。科目の一部として扱われる内容ではプレゼンの方法がもっとも一般的であり（73.1%），レジュメのつくり方やディスカッションの方法（70.9%）と情報収集，検索方法（70.1%）が僅差で続いていた。また，レポートの書き方について，そのための科目を独立させて教えているという回答は 23.9%，科目内容の一部として扱っているという回答は 64.2% あり，合わせると 9 割近い大学で扱われている。情報リテラシー関連，キャリア関連，読み・書き・発表スキル関連が初年次教育の代表的な授業内容として扱われていることがわかる。

他に尋ねた内容に関しては，自校教育を扱うために独立した科目を用意しているのは 26.1%，他の内容も含め初年次科目の中の一部として扱っている場合が 38.1% であった。以下同様に，人間関係トレーニングについては 7.5%，47.8%。地域社会でのフィールドワークやボランティア体験は 29.1%，26.9%。海外でのフィールドワークやボランティア体験は 19.4%，15.7%。リーダーシップトレーニングは 8.2%，28.4%。専門科目への導入教育は 26.1%，49.3% となっていた。学習意欲の喚起や学修目的の明確化など，初年次教育の課題に対

して，様々な体験型の内容が部分的ではあれ，一定程度提供されていることが窺える。

初年次教育の指導方法

前節では授業内容について尋ねたが，関連して具体的にどのような学習活動や指導方法が採られているか，12項目を例示して尋ねた（Q7）。一般的には，特定の科目に限定せず，複数の科目で同じ指導や活動を繰り返すことで知識や技能は定着しやすく，体験も学びに深化しやすいと思われる。

複数の科目で実施されている学習活動・指導として，「グループワークやディスカッション」ならびに「プレゼンテーション」がもっとも一般的であった（どちらも43.3%）。以下，複数科目で扱われることの多い順に，PBL（Project-Based Learning/ Problem-Based Learning）21.6%，フィールドワークとLTD（Learning Through Discussion）が同率で20.1%，各種調査やテスト18.7%，個別面談17.2%，ディベート15.7%，ポートフォリオ作成と異文化体験・海外短期研修が同率で14.9%，職場体験13.4%，ボランティアやサービスラーニング11.2%となっている。異文化体験や職場体験を複数の科目で実施することは容易ではないと思われるが，ボランティアも含め，初年次教育段階で体験学習の機会を複数用意している大学が一定数あることがわかる。

複数科目で扱うまではいかないものの，特定の科目で取り組まれている割合はどの学習活動・指導も50%前後であった。特定の科目で取り組まれている割合がもっとも高かったのがディベートの58.2%，もっとも低かったのがボランティアやサービスラーニングの44.0%である。

初年次教育の課題

大学全体として初年次教育の課題にはどのようなものがあるのか尋ねた（Q8）。中心となる教員の育成は後継の養成も含めて，「大いに」「多少」を合わせて，84.4%の方が課題であると考えている。初年次教育の課題として非常に大きなもののひとつに，「教員の育成」があることになる。同じように大きな割合で，「担当教員の確保」が問題視されている。養成している余裕もないが，確保そのものも危ういという問題意識を持つ方が相当数いる。ただ同時に，多分当てはまらないという方もそれなりにいるという点が面白い。続けて，「初年次教育を担当する職員」についても，「大いに」「多少」を合わせて，76.9%

の方が，育成や確保に問題があると考えている。

それ以上に問題視されているものがまだいくつかある。まずは初年次教育の内容をどうするか，そしてその内容を実際に展開するための教材開発をどうするかも問題として認識されている。初年次教育の内容と教材が課題・問題だという方が，「大いに」「多少」を合わせて89.6％にのぼる。同じように，内容や教材だけではなく，それをどのように実践に展開するのか，その方法についても改善の余地が大きい。さらに，そういった教材開発や指導法の改善と併せて「教育効果の検証」についても問題だろうと考えている方が9割近くいる。初年次教育学会の会員の間で，このあたりの問題意識が高いことがわかる。

それ以外にも，「初年次教育に対する学内の理解」に課題を感じている方が「大いに」「多少」合わせて81.3％いる。いまさらまだ理解がないのか，と驚く者もいるだろうが，もっともっと理解してもらわないと難しい，というのが現場感覚だと思われる。理解が進まなければ，体制整備も進まない。全体の85.1％の方は，初年次教育推進の体制整備に課題ありと感じている。「予算の充実」についても「大いに」「多少」合わせて7割以上の方が，課題であるとしている。さらに，初年次教育に関してはFD（Faculty Development），SD（Staff Development）についてもまだまだ足りないという認識が「大いに」「多少」合わせて84％に及んでいる。

本会に期待される活動

本調査の目的は，会員が所属する大学の現状を踏まえて会員のさまざまなニーズを探り，初年次教育学会が今後どのようなサービスを提供すべきかを検討するための情報収集である。そこで，会員は本会がどのようなアプローチ（企画）に取り組むことを期待しているのか，10の活動を挙げて尋ねた（Q9）。

「大いに期待する」「期待する」を合わせて，期待度が高い順に，「学会大会時での情報交換の充実（方法，コンテンツ）」93.3％，「内容方法への関心を共有する大学との情報交換」91.8％，「学会としての課題研究の推進」88.1％，「大会でのワークショップの充実」84.4％，「学会誌の充実」82.8％，「学会監修の刊行物の充実」79.1％，「課題意識（定員割れ，規模，学力問題等）を共有する大学との情報交換」74.7％，「地域別での他大学との情報交換」73.2％，「大会とは別の課題を絞った集会の開催」69.4％，「他の学会・団体（コンソーシアム等）との連携」62.7％となっている。

関連して，本会への入会に際し，期待していたことを4つ例示して尋ねた（Q13）。まず，回答者は全員，初年次教育について広く情報収集することを意図して入会していたが，所期の期待が満たされている方の割合は，「満足」「やや満足」を合わせて63.4%，満足・不満足を決めかねている方の割合は32.1%であった。同様に，全員が初年次教育の方法論や事例に関する情報収集を期待して入会していたが，その期待が満たされていると答えた割合は61.9%，判断保留が32.1%であった。

また，学会発表や論文投稿の機会拡大を求めた方の満足は42.5%，判断保留が43.3%となっており，研究活動の面で会員間の交流に改善の余地があるかもしれない。ただし，そうした機会は期待せずに入会した方も7.5%おられた。最後に，大会の際に開催されるワークショップを期待して入会した方の満足度は50.0%，判断保留が40.3%。期待せずに入会した方は3.0%であった。これはワークショップの内容や回数など，検討の余地があることが窺える。

ここで，判断保留あるいは不満と答えた方たちと，おおむね満足している方たちとの本会の取組への期待に違いがあるのかどうか，2群に分けて比較してみたところ，いくつかの取組について期待度が異なることが窺えた。期待度が異なる取組について表1にまとめた。保留群は満足群に比べ，大会でのワークショップ充実に期待し，内容方法に関する情報交流など，課題を絞った集会の機会を望んでいる一方で，大学が抱えるネガティブな課題に関しての情報交流には消極的な姿勢が読み取れる。

表1　入会時の期待満足度と学会の今後の取組への期待度

期待度 取組	大いに期待する		期待する		あまり期待しない・期待しない	
	満足群	保留群	満足群	保留群	満足群	保留群
3. 内容方法への関心を共有する大学との情報交換	44.7	52.5	48.9	35.0	6.4	12.5
4. 課題意識（定員割れ，規模，学力問題等）を共有する大学との情報交換	33.0	17.5	45.7	47.5	21.3	35.0
6. 大会でのワークショップの充実	33.0	55.0	47.9	37.5	19.1	7.5
7. 大会とは別の課題を絞った集会の開催	16.0	32.5	50.0	45.0	34.0	22.5

注：満足群 n=98，保留群 n=45。数値は%。

3 まとめ

　学生の多様化が進んでいるなかで，高大接続改革が唱道され，会員の多くは戸惑い，あるいは疲労感を強めているように思われる。そうした中で，年次大会における情報交換・情報提供の機会の充実が図られる必要があると思われる。特にワークショップの充実は多くの会員が期待するところである。関連して，情報交流は地域性よりも初年次教育の内容や教育方法に関するテーマが重視されており，おそらくその点に関する課題研究の推進が望まれているのであろう。

[参考文献]

関田一彦（2016）「会員調査から見えてきた現状と課題」『初年次教育学会誌』8（1），pp. 102-115.

* 課題研究委員会は濱名篤理事・川嶋太津夫理事・井下千以子理事・筆者の4名で構成される。本章の調査に関しては，将来構想実行委員会の山田礼子理事にも加わっていただき，5人の理事によって実施した。また，本章は，関田一彦（2016）「会員調査から見えてきた現状と課題」（『初年次教育学会誌』8（1），pp. 102-115.）をもとに加筆修正したものである。

章末資料：2015年度会員調査項目と応答割合

定員〔　　　〕人，学部数〔　　　〕，設置主体〔国立15.5%・公立7.7%・私立76.8%〕

Q1. あなたの大学には初年次教育に関する全学的方針はありますか？	
ある	52.2%
学部ごとにある	18.7%
わからない/検討中	6.7%
ない	22.4%

Q2. あなたの大学が初年次教育に本格的（意識的）に取り組み始めてからどのくらい経ちますか？	
1年以内	6.2%
2〜3年	11.7%
4〜6年	18.6%
7〜9年	9.3%
10年以上	12.4%
20年以上	5.4%
不明	36.4%

Q3. 初年次教育を中心的に担っている方は，どのような方ですか？（職責）

複数回答可

役職者	34.5%
委員会委員	16.9%
コーディネーター	16.2%
科目担当教員	59.2%
担当職員	15.5%
その他	9.1%

Q4. あなたの学生の問題として，以下の現象や状況はありますか？

「大いにある」「多少ある」の合計値

[1. 基礎学力の多様化の進行]	87.3%
[2. 基礎学力の全体的な低下傾向]	85.1%
[3. 学習習慣の欠如]	88.8%
[4. 学習動機の不明確さ]	80.6%
[5. 受講態度の悪さ]	52.2%
[6. 課題や宿題をやってこない]	59.7%
[7. 学習目的の不明確さ]	77.6%
[8. 指示待ち（受動的）]	93.3%
[9. 過剰な受益者意識（クレーマー／顧客意識）]	34.4%
[10. 就職活動が始まっても「動かない。」あるいは「動けなくなる」。]	48.6%
[11. 人間関係がうまく作れない]	76.1%
[12. グループワークやグループ活動が苦手]	65.7%
[13. 挨拶やマナーが身についていない]	67.2%
[14. 特別な支援が必要な学生（多動性，アスペルガーなど）]	65.7%
[15. 大学や社会のルールが守れない学生]	53.0%
[16. 基本的な生活習慣（起床・食事など）が身についていない]	64.2%
[17. 経済的な課題を抱える学生]	71.6%
[18. 家庭環境に問題を抱える学生]	62.7%

Q5. あなたが（所属する大学について）憂慮すべきと感じる問題がありますか？

「大いにある」「多少ある」の合計値

[1. 定員割れ]	44.0%
[2. 中退率]	61.9%
[3. 学費延納・滞納者の増加]	53.8%
[4. 改革の遅れ（置いてきぼり感・焦り）]	67.2%
[5. 改革疲れ（教職員の徒労感）]	78.4%
[6. 財務状況の悪化]	51.5%
[7. 学生指導の負担増加]	86.6%
[8. 学習成果の可視化の問題]	84.4%
[9. 大学入試の在り方の変化]	79.8%

Q6. あなたの大学では，初年次教育の一環として以下の内容を扱っていますか？

	独立した科目	科目の一部
[1. レポートの書き方]	23.9%	64.2%
[2. レジュメの作り方やディスカッションの方法]	14.2%	70.9%
[3. プレゼンの方法]	17.9%	73.1%

17章　2015年度会員調査結果からみた初年次教育の現状と課題　199

項目	複数の科目で一般的に	特定の科目のみで
[4. 情報リテラシー（マナー，活用方法と操作方法）]	50.0%	41.8%
[5. 情報収集，検索方法]	20.1%	70.1%
[6. 自校教育]	26.1%	38.1%
[7. 人間関係トレーニング]	7.5%	47.8%
[8. キャリアプランやライフプラン（自己分析を含む）]	38.8%	35.8%
[9. 地域社会でのフィールドワークやボランティア体験]	29.1%	26.9%
[10. 海外でのフィールドワークやボランティア体験]	19.4%	15.7%
[11. リーダーシップトレーニング]	8.2%	28.4%
[12. 専門科目への導入]	26.1%	49.3%

Q7. あなたの大学では，初年次教育の取組として，以下の教育方法や指導法を取り入れていますか？

項目	複数の科目で一般的に	特定の科目のみで
[1. ポートフォリオの作成]	14.9%	47.0%
[2. グループワークやディスカッション]	43.3%	53.0%
[3. PBL]	21.6%	56.0%
[4. プレゼンテーション]	43.3%	53.0%
[5. ディベート]	15.7%	58.2%
[6. LTD（話し合い学習法）]	20.1%	47.8%
[7. フィールドワーク]	20.1%	57.5%
[8. ボランティアやサービスラーニング]	11.2%	44.0%
[9. 異文化体験　海外短期研修]	14.9%	49.3%
[10. 職場体験]	13.4%	49.3%
[11. 各種調査やテストの活用]	18.7%	47.8%
[12. 教員との個別面談（初年次教育との関連）]	17.2%	53.0%

Q8. あなたの大学では，以下の初年次教育の課題は，どの程度あてはまりますか？

「大いに当てはまる」「多少当てはまる」の合計値

項目	合計値
[1. 中心となる教員の育成（後継者を含む）]	84.4%
[2. 担当教員の確保]	79.1%
[3. 初年次教育を担当する職員の育成と確保]	76.9%
[4. 初年次教育の内容や教材開発]	89.6%
[5. 初年次教育の方法開発や改善]	91.8%
[6. 初年次教育の効果や学習成果の可視化]	88.9%
[7. 初年次教育に対する学内の理解]	81.3%
[8. 初年次教育推進の体制と整備]	85.1%
[9. 初年次教育予算の充実]	73.9%
[10. 初年次教育のためのFD・SD]	84.3%

Q9. 上記の諸課題の解決に向けて，初年次教育学会が採るべきアプローチを以下に挙げます。あなたが期待する程度を教えてください。

「大いに期待する」「期待する」の合計値

項目	合計値
[1. 学会大会時での情報交換の充実（方法，コンテンツ）]	93.3%
[2. 地域別での他大学との情報交換]	73.2%
[3. 内容方法への関心を共有する大学との情報交換]	91.8%
[4. 課題意識（定員割れ，規模，学力問題等）を共有する大学との情報交換]	74.7%
[5. 学会としての課題研究の推進]	88.1%
[6. 大会でのワークショップの充実]	84.4%

```
       [7. 大会とは別の課題を絞った集会の開催］                69.4%
       [8. 他の学会・団体（コンソーシアム等）との連携］      62.7%
       [9. 学会誌の充実］                                      82.8%
       [10. 学会監修の刊行物の充実］                            79.1%
```

Q10. 中教審のいわゆる高大接続答申が出され，高大接続のあり方が変わろうとしています。あなたの大学はどのように対応・変化することになると思いますか？

「そう思う」「どちらかと言えばそう思う」の合計値

```
       [1. 新しく準備される基礎学力に重点を置いた「高等学校基礎能力テスト
       （仮称）」を活用した入試を導入しなければならないであろう］       75.7%
       [2. 新たに準備される合科目型や総合型といった「大学入学希望者基礎学
       力テスト（仮称）」を活用した入試を導入しなければならないであろう。］ 71.0%
       [3. 高大接続の在り方が変われば高等教育が改善され，入学者の質は上が
       るだろう］                                                       39.7%
       [4. 高大接続の在り方が変われば，入学者の確保がさらに難しくなるだろ
       う］                                                             37.6%
       [5. 初年次教育の在り方，内容，方法を新たな高大接続にあわせて変えて
       いかなければならないだろう］                                     85.1%
```

Q11. 入試区分別の入学者の割合は以下のどのタイプでしょうか
```
       学力を重視する入試中心                                  46.5%
       学力を重視しない入試中心                                30.3%
       半々                                                    20.4%
       分からない                                               2.8%
```

Q12. 学会入会の時期について教えてください
```
       設立時入会                                              30.3%
       入会3~6年                                               28.2%
       入会3年未満                                             41.5%
```

Q13. 学会に何を期待して入会しましたか？　そして，それはどの程度満たされていますか？
```
       [1. 初年次教育そのものについての情報収集］
               満足 17.9%    やや満足 45.5%    判断保留 32.1%    不満 4.5%
       [2. 初年次教育の方法論や事例に関する情報収集］
               満足 16.4%    やや満足 45.5%    判断保留 32.1%    不満 6.0%
       [3. 発表や投稿の機会拡大］
               満足 10.4%  やや満足 32.1%  判断保留 43.3%  不満 6.7%  期待せず 7.5%
       [4. 大会時のワークショップ］
               満足 12.7%  やや満足 37.3%  判断保留 40.3%  不満 6.7%  期待せず 3.0%
```

索引

あ

アカデミック・ライティング … 21, 126, 131-133, 136, 166
アクティブラーニング（AL）／主体的・対話的で深い学び … 3, 11, 14, 16, 21-24, 26-30, 55, 60, 75, 77, 83, 114, 116-118, 121-123, 126, 129, 131-133, 135, 136, 160, 163, 168, 169, 180, 181, 192
アセスメント … 16, 44, 48
アセスメント・ポリシー … 44, 47, 48, 51
頭のフェイント … 73, 74
アドミッション・ポリシー（AP） … 3, 11, 40, 44, 45, 47, 48, 51, 56, 69, 90, 161
アントレプレナーシップ教育 … 109
異質性 … 24
意味記憶 … 144, 145
インターンシップ … 105-108, 164
エンゲージメント … 60
演習形式の授業 … 85
オランダ・イエナプラン教育 … 28

か

会員調査 … 4, 14, 135, 136, 197
科学的探究 … 115, 116
学士課程教育 … 3, 9, 15-17, 32, 33, 40, 42, 49, 50, 70, 71, 90, 92, 95, 103, 110, 160, 172, 184
学習技術型 … 135, 136
学習行動 … 61, 62, 64, 143
学習支援 … 49, 50, 90, 92
学習指導要領 … 8, 11, 34, 45, 47, 114, 168, 172
学習成果／学修成果 … 16, 18, 32, 44, 47, 48, 50-54, 127, 172, 192, 193, 198, 199
学士力 … 15, 32, 47, 92, 93, 137
学部学科横断クラス … 23-26, 30
学力の三要素 … 10, 19, 27, 46, 47, 68, 114, 116, 118, 126
学力不問 … 33, 37
カリキュラム … 11, 18, 28, 39, 53, 57, 68-71, 75, 78, 90-92, 94, 105, 110, 111, 127, 134, 135, 147, 148, 155
カリキュラム・ポリシー（CP） … 3, 11, 40, 44, 45, 47, 48, 51, 56, 69, 70, 161
カリキュラム・マップ … 69, 134
カレッジ・インパクト … 58, 64, 185
気づき … 24, 25, 30, 50, 53, 138, 143, 144, 146, 147, 155, 169, 179

キャリアガイダンス … 103, 105, 106
キャリア教育 … 9, 13, 14, 16, 17, 21, 22, 27, 29, 30, 40, 69, 70, 78, 102-111, 161, 164, 166, 167, 193
キャリアデザイン … 106, 109, 129, 130
教育実践賞 … 188, 189
教員の協働 … 164
教職協働／教職学協働 … 13-17, 26, 76, 106, 171
協同学習 … 14, 16, 24, 28, 114, 115, 117-121, 148, 157
協同実践 … 115, 116, 118, 122
協同の精神 … 115-117, 120, 188
教養教育 … 40, 90-92, 100, 105, 134, 135
経験の言語化 … 166-168
講義 … 22, 30, 49, 80, 81, 96, 99, 116, 119, 141, 147-149, 151, 155, 163, 173, 180, 181
高大接続 … 11, 13, 14, 16-18, 33, 36, 39, 40, 42, 44-47, 54, 56-61, 64, 68, 84, 87, 114, 115, 121-123, 189-191, 193, 200
高大接続改革 … 3, 4, 11, 27, 33, 44, 45, 47, 49, 51, 53, 54, 56, 57, 68, 95, 111, 126, 193, 197
高大接続システム改革会議 … 11, 19, 46
合理的配慮 … 77, 83, 84, 86
コーオプ教育 … 106-108
「国民的教育機関」 … 34
コミュニティ … 13, 146, 147, 149, 155, 157

さ

ジェイ・サープ（日本版学生調査） … 61, 62
ジェネリック・スキル … 15, 160, 161
ジグソー学習 … 74, 75, 120, 121, 163, 165, 169
自己肯定感 … 64, 65
自己理解 … 21, 103, 106, 149, 157
シナリオ・プランニング … 171, 173, 180
事務体制 … 189
集合知 … 180
授業のユニット化 … 162
障害者差別解消法 … 77, 86
初年次教育学会 … 3, 4, 9-11, 18, 20, 55, 77, 87, 135, 160, 171, 184-187, 190, 191, 195, 199
『初年次教育学会誌』 … 12, 186
初年次教育実践交流会 … 188, 189
初年次教育の課題（アンケート） … 191, 193, 194, 199
初年次教育の指導方法（アンケート） … 194
初年次教育の内容（アンケート） … 193, 195, 197, 199
初年次教育マップ … 71, 72, 75

「自立と体験1」… 24-26
身体知 … 14, 147-149, 152, 155-157
推薦入試 … 33, 36-39, 84
スタディ・スキル(ズ) … 14, 15, 20, 21, 29, 72-75, 78, 94, 160
精神障がい … 82, 83, 87
接続問題 … 68, 69, 75
設立趣意書 … 10, 184
宣言的知識 … 144
専門教育 … 8, 15, 17, 39, 40, 91, 94, 105, 108, 110, 111, 134, 161
専門導入型 … 136
外付型 … 69, 70

た

大会運営方法 … 189
対自己・対人・対課題 … 164, 169
対話的思考 … 171, 180, 181
他者理解 … 93, 147, 149, 155, 157
多面的・総合的評価 … 10, 46, 95, 96, 98, 99, 123
多様性 … 4, 11, 13, 14, 24, 29, 32, 42, 48, 49, 55, 79, 87, 95, 146-148, 157
中央教育審議会(中教審) … 3, 10, 21, 29, 32-34, 40, 42, 44, 47, 51, 54, 69, 91, 95, 102, 111, 114, 123, 126, 137, 172, 184, 191, 192, 200
中央教育審議会「学士課程答申」… 10, 32, 33, 40, 44, 47, 54, 90, 92, 137, 191
中央教育審議会「キャリア教育・職業教育答申」… 69, 102
中央教育審議会「高大接続答申」… 10, 11, 27, 44-47, 51, 54, 95, 114, 116, 118, 123, 200
中央教育審議会「質の転換答申」… 21, 116
ディプロマ・ポリシー(DP) … 3, 40, 44, 45, 47, 48, 50, 51, 56, 69, 70, 160, 161, 165, 166
テキスト開発 … 127, 128, 135
手続記憶 … 144, 145
手続的知識 … 144
特別な配慮 … 85

な

内蔵型 … 69-72, 74-76
日本語リテラシー … 160, 165, 168
入試改革 … 27, 68, 100, 122, 123, 193
入試制度 … 90, 95, 99

は

発達障がい … 77, 78, 82-87, 89
ピア・サポート … 14, 16, 17
批判的思考 … 132, 136

評価 … 10, 14, 16, 25, 33, 36, 39, 46-48, 51-53, 55, 56, 69, 79, 80, 86, 95, 96, 98-100, 110, 117, 119, 123, 130, 132, 133, 143-145, 148, 156, 161, 164, 168
「開かれた学校」… 146
補習教育／リメディアル教育 … 9, 10, 33, 91, 159
ポートフォリオ … 16, 24, 49, 52, 92, 96, 194, 199

ま

マイクロ・インサーション … 70, 71, 75
マインドセット … 179, 181
三つのポリシー／三つの方針 … 3, 44, 47, 50, 51, 56, 69, 100, 172
メタ認知 … 128, 129, 143-145, 168
(メタ認知の)モニタリング … 129, 143, 144
モデル授業 … 143

ら・わ

ライティング … 14-18, 21, 52, 126-128, 131, 134-136, 159-169
ライティングのプロセス … 162
理工系大学 … 91
リデザイン … 171, 181
リテンション率 … 60, 65
ルーブリック … 16, 52, 96, 98, 128, 131-133, 168
論証型レポート … 129-133
論理的思考 … 41, 49, 57, 60, 93, 131, 132, 136, 137
ワークショップ … 4, 11, 12, 14, 15, 133, 134, 148, 150, 152-156, 175, 177, 186, 187, 195-197, 199, 200

A-Z

ADHD(注意欠如・多動症／注意欠如・多動性障害) … 83, 84, 87
AO入試 … 33, 36-39, 84, 95, 98, 100, 123, 130
AP(Advanced Placement) … 56, 57, 59-61, 64, 65
ASD(自閉スペクトラム症／自閉症スペクトラム障害) … 83, 84, 87
FD(Faculty Development) … 17, 47, 72, 139, 164, 165, 171, 173, 175, 181, 185, 195, 199
K16 … 57, 60, 61, 64, 65
LTD基盤型授業モデル … 114, 115, 118-120, 122, 123
LTD話し合い学習法 … 18, 74, 75, 114, 115, 118-121, 123, 199
PBL(Project-Based Learning, Problem-Based Learning) … 16, 18, 108, 119-121, 164, 194, 199
SD(Staff Development) … 17, 47, 72, 171, 173, 175, 181, 195, 199
SLD(限局性学習症／限局性学習障害) … 83
TAE(Thinking At the Edge) … 166, 167

編集委員紹介

山田礼子（やまだ　れいこ） （5章・16章）
初年次教育学会初代会長。現在，将来構想担当理事。
本書では，主に第1部の編集を担当。
1956年生まれ。同志社大学社会学研究科長，学部長・教授。カリフォルニア大学ロサンゼルス校大学院教育学研究科博士後期課程修了（Ph.D.）。専門は高等教育論，初年次教育。
主著
『学士課程教育の質保証へむけて――学生調査と初年次教育からみえてきたもの』東信堂，2012年
Measuring Quality of Undergraduate Education in Japan: Comparative Perspective in a Knowledge Based Society（編著）Springer, 2014年
『高等教育の質とその評価――日本と世界』（編著）東信堂，2016年
『一年次（導入）教育の日米比較』東信堂，2005年

藤本元啓（ふじもと　もとひろ） （9章）
初年次教育学会常任理事，事務局長を歴任。現在，会長。
本書では，主に第2・4部の編集を担当。
1955年生まれ。崇城大学総合教育センター教授，教育改革本部長，就職部長。皇學館大学大学院文学研究科国史学専攻博士後期課程・博士（文学）。専門は日本中世史，初年次教育。
主著
『中世熱田社の構造と展開』続群書類従完成会，2003年
『初年次教育――歴史・理論・実践と世界の動向』（共著）丸善，2006年
『大学力を高めるeポートフォリオ――エビデンスに基づく教育の質保証をめざして』（共著）東京電機大学出版局，2012年
『初年次教育の現状と未来』（共著）世界思想社，2013年

杉谷祐美子（すぎたに　ゆみこ） （1章）
初年次教育学会理事，学会誌編集担当理事を歴任。現在，将来構想担当理事。
本書では，主に第3部の編集を担当。
1971年生まれ。青山学院大学教育人間科学部教育学科教授。早稲田大学大学院文学研究科教育学専攻博士後期課程満期退学。専門は高等教育研究，教育社会学。
主著
『大学教育と読書――大学生協からの問題提起』（共著）大学教育出版，2017年
『高等教育の質とその評価――日本と世界』（共著）東信堂，2016年
『大学の学び　教育内容と方法』（編著）玉川大学出版部，2011年
『初年次教育――歴史・理論・実践と世界の動向』（共著）丸善，2006年

執筆者紹介

菊地滋夫（きくち　しげお）　　　　　　　　　　　　　　　　　　　　　　（2章）
　明星大学副学長，明星教育センター長・人文学部教授。東京都立大学大学院社会科学研究科社会人類学専攻博士課程単位取得満期退学・博士（社会人類学）。専門は社会人類学，アフリカ研究。
　主著に，『呪術化するモダニティ――現代アフリカの宗教的実践から』（共著，風響社，2007年），「学部学科を超えた他者との対話が切り拓く地平――明星大学における初年次教育の取り組み」『私学経営』465（2013年）など。

川嶋太津夫（かわしま　たつお）　　　　　　　　　　　　　　　　　　　　（3章）
　大阪大学高等教育・入試研究開発センター教授，センター長。名古屋大学大学院教育学研究科博士後期課程満期退学。専門は比較高等教育論。
　主著に，「学生の多様化とグローバル化――米国の経験と日本への示唆」『高等教育研究』21（2018年），『大学教育と読書――大学生協からの問題提起』（共著，大学教育出版，2017年）など。

濱名　篤（はまな　あつし）　　　　　　　　　　　　　　　　　　　　　　（4章）
　学校法人濱名学院理事長，関西国際大学学長。上智大学大学院文学研究科社会学専攻博士後期課程単位取得満期退学・博士（社会学）。専門は高等教育論，教育社会学。
　主著に，『後発大学の挑戦と教育改革――地方小規模大学の社会的役割と可能性（仮）』（東信堂，2018年），「高大接続改革に対応した入試と初年次教育へ――関西国際大学の事例を踏まえ」『初年次教育学会誌』8（1）（2016年）など。

岩井　洋（いわい　ひろし）　　　　　　　　　　　　　　　　　　　　　　（6章）
　帝塚山大学文学部教授。上智大学大学院文学研究科社会学専攻博士後期課程単位取得退学。専門は宗教社会学，経営人類学。
　主著に，『プレステップ　キャリアデザイン〈第4版〉』（共編著，弘文堂，2017年），『プレステップ基礎ゼミ』（共編著，弘文堂，2011年）など。

西村秀雄（にしむら　ひでお）　　　　　　　　　　　　　　　　　　　　　（7章）
　金沢工業大学基礎教育部教授，入試部長，大学院工学研究科専攻共通主任，金沢工業大学科学技術応用倫理研究所所長。国際基督教大学教育学研究科博士前期課程修了。教育学修士。専門は教育学，科学史，科学技術者倫理。
　主著に，『初年次教育の現状と未来』（共著，世界思想社，2013年），『本質から考え行動する科学技術者倫理』（共著，白桃書房，2017年）など。

沖　清豪（おき　きよたけ）　　　　　　　　　　　　　　　　　　　（7 章）
早稲田大学文学学術院・教授。早稲田大学大学院文学研究科博士後期課程退学。専門は教育学。
主著に，『データによる大学教育の自己改善——インスティテューショナル・リサーチの過去・現在・展望』（共編，学文社，2011 年），「イギリスにおける高等教育への機会是正政策とその限界」『教育制度学研究』24（2017 年）など。

塚越久美子（つかごし　くみこ）　　　　　　　　　　　　　　　　　（8 章）
北海道科学大学全学共通教育部教授。京都大学大学院文学研究科梵語梵文学専攻博士後期課程修了。専門は初年次教育，リメディアル教育。
主著に，「北海道工業大学における入学時学力調査と初年次教育」（共著）『リメディアル教育研究』8（2）（2013 年），『大学における学習支援への挑戦——リメディアル教育の現状と課題』（共著，ナカニシヤ出版，2012 年）など。

菊池明泰（きくち　あきひろ）　　　　　　　　　　　　　　　　　　（8 章）
北海道科学大学保健医療学部診療放射線学科准教授。金沢大学大学院医学系研究科保健学専攻医療科学領域量子診療技術学（博士後期課程）修了。博士（保健学）。専門は診療放射線核医学分野。
主著に，「AO 入試における多面的・総合的評価の基準担保を目指して——集団討論のための評価者研修会およびセミナーを通じての考察」（共著）『大学入試研究ジャーナル』28（2018 年），"Automated Segmentation of the Skeleton in Whole-Body Bone Scans: Influence of Difference in atlas"（共著）*Nuclear Medicine Communications*, 9（2012 年）など。

安永　悟（やすなが　さとる）　　　　　　　　　　　　　　　　　（10 章・16 章）
久留米大学文学部教授。九州大学大学院教育学研究科博士後期課程修了。博士（教育心理学）。専門は教育心理学・協同教育。
主著に，*Deep Active Learning: Toward Greater Depth in University Education*（共著，Springer，2017 年），『LTD 話し合い学習法』（共著，ナカニシヤ出版，2014 年）など。

井下千以子（いのした　ちいこ）　　　　　　　　　　　　　　　　　（11 章）
桜美林大学心理・教育学系教授。日本女子大学大学院人間発達学専攻修了，学術博士。専門は教育心理学・生涯発達心理学。
主著に，『思考を鍛えるレポート・論文作成法［第 2 版］』（慶應義塾大学出版会，2014 年），『思考を鍛える大学の学び入門——論理的な考え方・書き方からキャリアデザインまで』（慶應義塾大学出版会，2017 年）など。

藤田哲也（ふじた　てつや）　　　　　　　　　　　　　　　　　　　（12 章）
法政大学文学部心理学科教授。京都大学大学院教育学研究科教育方法学専攻博士後期課程　学修認定退学。博士（教育学）。専門は認知心理学（記憶）・教育心理学（学習方略，動機づけ）。
主著に，『絶対役立つ教育心理学——実践の理論，理論を実践』（編著，ミネルヴァ書房，2007 年），『大学基礎講座　改増版——充実した大学生活をおくるために』（編著，北大路書房，2006 年）など。

横山千晶（よこやま　ちあき） (13章)
慶應義塾大学法学部教授。慶應義塾大学大学院文学研究科博士課程修了。専門は19世紀イギリス文化・文学。
主著に、『ジョン・ラスキンの労働者教育――「見る力」の美学』（慶應義塾大学教養研究センター、2018年）、『愛と戦いのイギリス文化史――1951年-2010年』（共著、慶應義塾大学出版会、2011年）など。

成田秀夫（なりた　ひでお） (14章)
学校法人河合塾教育イノベーション本部開発研究職。中央大学大学院博士後期課程満期退学。専門は哲学、初年次教育。
主著に、『大学生の日本語リテラシーをいかに高めるか』（共編、ひつじ書房、2015年）、『アクティブラーニングをどう始めるか』（東信堂、2016年）など。

山本啓一（やまもと　けいいち） (14章)
北陸大学経済経営学部教授。一橋大学法学研究科博士課程修了。専門は大学教育改革、地域防犯。
主著に、「学力に課題を抱える大学における就業力の育成と課題」『日本労働研究雑誌』629（2012年）、『大学生の日本語リテラシーをいかに高めるか』（共著、ひつじ書房、2015年）など。

田中　岳（たなか　がく） (15章)
東京工業大学教育革新センター副センター長・教授。名古屋大学大学院教育発達科学研究科博士後期（Ed. D）課程単位取得退学。専門は高等教育マネジメント。
主著に、『大学職員の開発――専門職化をめぐって』（共著、広島大学高等教育研究開発センター、2009年）、「ファカルティ・ディベロップメントと組織変革――2006年度から5年間の高等教育政策動向に学ぶ」『大学教育』16（九州大学高等教育開発推進センター、2011年）など。

立石慎治（たていし　しんじ） (15章)
国立教育政策研究所高等教育研究部研究員。広島大学大学院教育学研究科教育人間科学専攻（高等教育学分野）修了、博士（教育学）。専門は高等教育論、キャリア教育論。
主著に、「大学生の退学と留年――その発生メカニズムと抑制可能性」（共著）『高等教育研究』19（2016年）、「大学教員のキャリアと能力形成の課題――総合的能力の獲得に及ぼす個別能力・経験・雇用形態の影響に着目して」（共著）『高等教育研究』16（2013年）など。

関田一彦（せきた　かずひこ） (17章)
創価大学教職大学院教授。イリノイ大学大学院修了（Ph.D. in Education）。専門は教育心理・教育方法。
主著に、『大学授業を活性化する方法』（共編著、玉川大学出版部、2004年）、『教育評価との付き合い方――これからの教師のために』（共著、さくら社、2016年）など。

進化する初年次教育

2018年9月20日　第1刷発行　　定価はカバーに
　　　　　　　　　　　　　　　表示しています

　　　　　　　　　　編　者　　初年次教育学会

　　　　　　　　　　発行者　　上　原　寿　明

世界思想社　　京都市左京区岩倉南桑原町56　〒606-0031
　　　　　　　電話 075(721)6500
　　　　　　　振替 01000-6-2908
　　　　　　　http://sekaishisosha.jp/

©2018　R. Yamada, M. Fujimoto, Y. Sugitani　Printed in Japan
　　　　　　　　　　　　　　　　（印刷・製本　太洋社）

落丁・乱丁本はお取替えいたします。

JCOPY　<(社)出版者著作権管理機構 委託出版物>
本書の無断複写は著作権法上での例外を除き禁じられています。複写される
場合は、そのつど事前に、(社)出版者著作権管理機構（電話 03-3513-6969,
FAX 03-3513-6979, e-mail: info@jcopy.or.jp）の許諾を得てください。

ISBN978-4-7907-1722-5

世界思想社の初年次教育
http://sekaishisosha.jp/fye/

『大学生 学びのハンドブック [4訂版]』
世界思想社編集部 編

ノートのとり方、レポートの書き方、資料の探し方、ゼミ発表の仕方、パソコンの使い方…。大学での学びに必要なスタディ・スキルを、イラストで具体例を示してわかりやすく解説。

A5判／128頁／本体1,200円（税別）
ISBN 978-4-7907-1707-2

『大学新入生ハンドブック』
世界思想社編集部 編

時間割は自分で作る？　ゼミって？　履修って？　大学の仕組みや勉強の仕方について、「高校までとはどう違うのか」という視点から紹介する、新入生向けオリエンテーション用テキスト。

A5判／64頁／本体520円（税別）
ISBN 978-4-7907-1641-9

『初年次教育の現状と未来』
初年次教育学会 編

今やほとんどの大学で実施されている初年次教育。その理論・研究を体系化するとともに、実践に活用できる様々な教育方法を紹介する。初年次教育学会設立5周年記念出版。

A5判／272頁／本体2,500円（税別）
ISBN 978-4-7907-1581-8